0 fr. 50

BIBLIOTHÈQUE SOCIALISTE

Anatole Fr…

OPINIONS SOCIALES

I

CONTE POUR COMMENCER L'ANNÉE
CRAINQUEBILLE. — CLOPINEL. — ROUPART
ALLOCUTIONS

PARIS
SOCIÉTÉ NOUVELLE DE LIBRAIRIE ET D'ÉDITION
LIBRAIRIE GEORGES BELLAIS
RUE CUJAS, 17

1902

OPINIONS SOCIALES

I

BIBLIOTHÈQUE SOCIALISTE. N° 13.

Anatole FRANCE

OPINIONS SOCIALES

I

CONTE POUR COMMENCER L'ANNÉE
CRAINQUEBILLE. — CLOPINEL. — ROUPART
ALLOCUTIONS

PARIS
SOCIÉTÉ NOUVELLE DE LIBRAIRIE ET D'ÉDITION
LIBRAIRIE GEORGES BELLAIS
RUE CUJAS, 17

1902

OPINIONS SOCIALES

CONTE

POUR COMMENCER GAIEMENT L'ANNÉE

« Horteur, le fondateur de l'*Étoile*, le directeur politique et littéraire de la *Revue nationale* et du *Nouveau Siècle illustré*, Horteur, m'ayant reçu dans son cabinet, me dit du fond de son siège directorial :

» — Mon bon Marteau, faites-moi un conte pour mon numéro exceptionnel du *Nouveau Siècle*. Trois cents lignes, à l'occasion du « jour de l'an ». Quelque chose de bien vivant, avec un parfum d'aristocratie.

» Je répondis à Horteur que je n'étais pas bon, au sens du moins où il le disait, mais que je lui donnerais volontiers un conte.

» — J'aimerais bien, me dit-il, que cela s'appelât : Conte pour les riches.

» — J'aimerais mieux : Conte pour les pauvres.

» — C'est ce que j'entends. Un conte qui inspire aux riches de la pitié pour les pauvres.

» — C'est que précisément je n'aime pas que les riches aient pitié des pauvres.

» — Bizarre !

» — Non pas bizarre, mais scientifique. Je tiens la pitié du riche envers le pauvre pour injurieuse et contraire à la fraternité humaine. Si vous voulez que je parle aux riches, je leur dirai : « Épargnez aux pauvres votre pitié : ils » n'en ont que faire. Pourquoi la pitié, et non » pas la justice ? Vous êtes en compte avec eux. » Réglez le compte. Ce n'est pas une affaire de » sentiment. C'est une affaire économique. Si » ce que vous leur donnez gracieusement est » pour prolonger leur pauvreté et votre ri- » chesse, ce don est inique et les larmes que » vous y mêlerez ne le rendront pas équitable. » Il faut restituer, comme disait le procureur » au juge après le sermon du bon frère Mail- » lard. Vous faites l'aumône pour ne pas resti- » tuer. Vous donnez un peu pour garder beau- » coup, et vous vous félicitez. Ainsi le tyran de » Samos jeta son anneau à la mer. Mais la » Némésis des dieux ne reçut point cette » offrande. Un pêcheur rapporta au tyran son » anneau dans le ventre d'un poisson. Et Poly- » crate fut dépouillé de toutes ses richesses. »

» — Vous plaisantez.

» — Je ne plaisante pas. Je veux faire entendre aux riches qu'ils sont bienfaisants au rabais et généreux à bon compte, qu'ils amusent le créancier, et que ce n'est pas ainsi qu'on fait les affaires. C'est un avis qui peut leur être utile.

» — Et vous voulez mettre des idées pareilles dans le *Nouveau Siècle,* pour couler la feuille ! Pas de ça ! mon ami, pas de ça !

» — Pourquoi voulez-vous que le riche agisse avec le pauvre autrement qu'avec les riches et les puissants ? Il leur paye ce qu'il leur doit, et, s'il ne leur doit rien, il ne leur paye rien. C'est la probité. S'il est probe, qu'il en fasse autant pour les pauvres. Et ne dites point que les riches ne doivent rien aux pauvres. Je ne crois pas qu'un seul riche le pense. C'est sur l'étendue de la dette que commencent les incertitudes. Et l'on n'est pas pressé d'en sortir. On aime mieux rester dans le vague. On sait qu'on doit. On ne sait pas ce qu'on doit, et l'on verse de temps en temps un petit acompte. Cela s'appelle la bienfaisance, et c'est avantageux.

» — Mais ce que vous dites là n'a pas le sens commun, mon cher collaborateur. Je suis peut-être plus socialiste que vous. Mais je suis pratique. Supprimer une souffrance, prolonger une existence, réparer une parcelle des injustices sociales, c'est un résultat. Le peu de bien qu'on fait est fait. Ce n'est pas tout, mais c'est quelque chose. Si le petit conte que je vous demande attendrit une centaine de mes riches abonnés et les dispose à donner, ce sera autant de gagné sur le mal et la souffrance. C'est ainsi que peu à peu on rend la condition des pauvres supportable.

» — Est-il bon que la condition des pauvres soit supportable ? La pauvreté est indispensable à la richesse, la richesse est nécessaire à la pauvreté. Ces deux maux s'engendrent l'un l'autre et s'entretiennent l'un par l'autre. Il ne faut pas améliorer la condition des pauvres ; il faut la supprimer. Je n'induirai pas les riches en aumône, parce que leur aumône est empoisonnée, parce que l'aumône fait du bien à celui qui donne et du mal à celui qui reçoit, et parce qu'enfin, la richesse étant par elle-même dure et cruelle, il ne faut pas qu'elle revête l'apparence trompeuse de la douceur. Puisque vous voulez que je fasse un conte pour les riches, je leur dirai : « Vos pauvres sont vos » chiens que vous nourrissez pour mordre. Les » assistés font aux possédants une meute qui » aboie aux prolétaires. Les riches ne donnent » qu'à ceux qui demandent. Les travailleurs ne » demandent rien. Et ils ne reçoivent rien. »

» — Mais les orphelins, les infirmes, les vieillards ?...

» — Ils ont le droit de vivre. Pour eux je n'exciterai pas la pitié, j'invoquerai le droit.

» — Tout cela, c'est de la théorie ! Revenons à la réalité. Vous me ferez un petit conte à l'occasion des étrennes, et vous pourrez y mettre une pointe de socialisme. Le socialisme est assez à la mode. C'est une élégance. Je ne parle pas, bien entendu, du socialisme de Guesde, ni du socialisme de Jaurès ; mais d'un bon socialisme que les gens du monde opposent avec à-propos et esprit au collectivisme. Mettez-moi dans votre conte des figures jeunes. Il sera illustré, et l'on n'aime, dans les images, que les sujets gracieux. Mettez en scène une jeune fille, une charmante jeune fille. Ce n'est pas difficile.

» — Non, ce n'est pas difficile.

» — Ne pourriez-vous pas introduire aussi dans le conte un petit ramoneur ? J'ai une illustration toute faite, une gravure en couleurs, qui représente une jolie jeune fille faisant l'aumône à un petit ramoneur, sur les marches de la Madeleine. Ce serait une occasion de l'employer... Il fait froid, il neige ; la jolie demoiselle fait la charité au petit ramoneur... Vous voyez cela ?...

» — Je vois cela.

» — Vous broderez sur ce thème.

» — Je broderai. Le petit ramoneur, transporté de reconnaissance, se jette au cou de la jolie demoiselle qui se trouve être la propre fille de M. le comte de Linotte. Il lui donne un baiser et imprime sur la joue de cette gracieuse enfant un petit **O** de suie, un joli petit **O** tout rond et tout noir. Il l'aime. Edmée (elle se nomme Edmée) n'est pas insensible à un sentiment si sincère et si ingénu... Il me semble que l'idée est assez touchante.

» — Oui... vous pourrez en faire quelque chose.

» — Vous m'encouragez à continuer... Rentrée dans son appartement somptueux du boulevard Malesherbes, Edmée éprouve pour la première fois de la répugnance à se débarbouiller ; elle voudrait garder sur la joue l'empreinte des lèvres qui s'y sont posées. Cependant le petit ramoneur l'a suivie jusqu'à sa porte ; il reste en extase sous les fenêtres de l'adorable jeune fille... Cela va-t-il ?

» — Mais, oui...

» — Je poursuis. Le lendemain matin, Edmée, couchée dans son petit lit blanc, voit le petit ramoneur sortir de la cheminée de sa chambre. Il se jette ingénument sur la délicieuse enfant et la couvre de petits O de suie, tout ronds. J'ai oublié de vous dire qu'il est d'une beauté merveilleuse. La comtesse de Linotte le surprend dans ce doux travail. Elle crie, elle appelle. Il est si occupé qu'il ne la voit ni ne l'entend.

» — Mon cher Marteau...

» — Il est si occupé qu'il ne la voit ni ne l'entend. Le comte accourt. Il a l'âme d'un gentilhomme. Il prend le petit ramoneur par le fond de la culotte, qui précisément se présente à ses yeux, et le jette par la fenêtre.

» — Mon cher Marteau...

» — J'abrège... Neuf mois après, le petit ramoneur épousait la noble jeune fille. Et il n'était que temps. Voilà les suites d'une charité bien placée.

» — Mon cher Marteau, vous vous êtes assez payé ma tête.

» — N'en croyez rien. J'achève. Ayant épousé Mlle de Linotte, le petit ramoneur devint comte du Pape et se ruina aux courses. Il est aujourd'hui fumiste rue de la Gaîté, à Montparnasse. Sa femme tient la boutique et vend des salamandres, à 18 francs, payables en huit mois.

» — Mon cher Marteau, ce n'est pas drôle.

» — Prenez garde, mon cher Horteur. Ce que je viens de vous conter, c'est, au fond, *la Chute d'un ange*, de Lamartine, et l'*Eloa*, d'Alfred de Vigny. Et, à tout prendre, cela vaut mieux que vos petites histoires larmoyantes, qui font croire aux gens qu'ils sont très bons alors qu'ils ne sont pas bons du tout, qu'ils font du bien alors qu'ils ne font pas de bien, qu'il leur est facile d'être bienfaisants, alors que c'est la chose la plus difficile du monde. Mon conte est moral. De plus il est optimiste et finit bien. Car Edmée trouva dans la boutique de la rue de la Gaîté le bonheur qu'elle aurait cherché en vain dans les divertissements et les fêtes, si elle avait épousé un diplomate ou un officier... Mon cher directeur, répondez-moi : prenez-vous *Edmée ou la Charité bien placée* pour le *Nouveau Siècle illustré ?*

» — C'est que vous avez l'air de me le demander sérieusement ?...

» — Je vous le demande sérieusement. Si vous ne voulez pas de mon conte, je le publierai ailleurs.

» — Où ?

» — Dans une feuille bourgeoise.

» — Je vous en défie bien.

» — Vous verrez. »

CRAINQUEBILLE — CLOPINEL
ROUPART

CRAINQUEBILLE [1]

Jérôme Crainquebille, marchand des quatre-saisons, allait par la ville, poussant sa petite voiture et criant : Des choux, des carottes, des navets ! Et, quand il avait des poireaux, il criait : Bottes d'asperges ! parce que les poireaux sont les asperges du pauvre. Or, le 20 octobre, à l'heure de midi, comme il descendait la rue Montmartre, Mme Bayard, la cordonnière, *A l'Ange gardien*, sortit de sa boutique et s'approcha de la voiture légumière. Soulevant dédaigneusement une botte de poireaux :

— Ils ne sont guère beaux, vos poireaux. Combien la botte ?

— Quinze sous, la bourgeoise. Y a pas meilleur.

— Quinze sous, trois mauvais poireaux ?

Et elle rejeta la botte dans la charrette, avec un geste de dégoût.

C'est alors que l'agent 64 survint et dit à Crainquebille :

— Circulez.

Crainquebille, depuis cinquante ans, circulait du matin au soir. Un tel ordre lui sembla légi-

1. Nous publions ici les chapitres II, III, V, VI, VII et VIII, de l'édition originale et complète publiée par E. Pelletan, 125, boulevard Saint-Germain.

time et conforme à la nature des choses. Tout disposé à y obéir, il pressa la bourgeoise de prendre ce qui était à sa convenance.

— Faut encore que je choisisse la marchandise, répondit aigrement la cordonnière.

Et elle tâta de nouveau toutes les bottes de poireaux, puis elle garda celle qui lui parut la plus belle et elle la tint contre son sein comme les saintes, dans les tableaux d'église, pressent sur leur poitrine la palme triomphale.

— Je vas vous donner quatorze sous. C'est bien assez. Et encore il faut que j'aille les chercher dans la boutique, parce que je ne les ai pas sur moi.

Et, tenant ses poireaux embrassés, elle rentra dans la cordonnerie où une cliente, portant un enfant, l'avait précédée.

A ce moment l'agent 64 dit pour la deuxième fois à Crainquebille :

— Circulez !

— J'attends mon argent, répondit Crainquebille.

— Je ne vous dis pas d'attendre votre argent ; je vous dis de circuler, répondit l'agent avec fermeté.

Cependant la cordonnière, dans sa boutique, essayait des souliers bleus à un enfant de dix-huit mois dont la mère était pressée. Et les têtes vertes des poireaux reposaient sur le comptoir.

Depuis un demi-siècle qu'il poussait sa voiture dans les rues, Crainquebille avait appris à obéir aux représentants de l'autorité. Mais il se trouvait cette fois dans une situation particulière, entre un devoir et un droit. Il n'avait pas l'esprit juridique. Il ne comprit pas que la jouissance d'un droit individuel ne le dispensait pas d'accomplir un devoir social. Il considéra trop son droit qui était de recevoir quatorze sous, et il ne s'attacha pas assez à son devoir qui était de pousser sa voiture et d'aller plus avant et toujours plus avant. Il demeura.

Pour la troisième fois, l'agent 64, tranquille et sans colère, lui donna l'ordre de circuler. Contrairement à la coutume du brigadier Montauciel, qui menace sans cesse et ne sévit jamais, l'agent 64 est sobre d'avertissements et prompt à verbaliser. Tel est son caractère. Bien qu'un peu sournois, c'est un excellent serviteur et un loyal soldat. Le courage d'un lion et la douceur d'un enfant. Il ne connaît que sa consigne.

— Vous n'entendez donc pas, quand je vous dis de circuler !

Crainquebille avait de rester en place une raison trop considérable à ses yeux pour qu'il ne la crût pas suffisante. Il l'exposa simplement et sans art :

— Nom de nom ! puisque je vous dis que j'attends mon argent.

L'agent 64 se contenta de répondre :

— Voulez-vous que je vous f... une contravention ? Si vous le voulez, vous n'avez qu'à le dire.

En entendant ces paroles, Crainquebille haussa lentement les épaules et coula sur l'agent un regard douloureux qu'il éleva ensuite vers le ciel. Et ce regard disait :

— Que Dieu me voie ! Suis-je un contempteur des lois ? Est-ce que je me ris des décrets et des ordonnances qui régissent mon état ambulatoire ? A cinq heures du matin, j'étais sur le carreau des Halles. Depuis sept heures je me brûle les mains à mes brancards en criant : Des choux, des carottes, des navets ! J'ai soixante ans sonnés. Je suis las. Et vous me demandez si je lève le drapeau noir de la révolte. Vous vous moquez et votre raillerie est cruelle.

Soit que l'expression de ce regard lui eût échappé, soit qu'il n'y trouvât pas une excuse à la désobéissance, l'agent demanda d'une voix brève et rude si c'était compris.

Or, en ce moment précis, l'embarras des voitures était extrême dans la rue Montmartre. Les fiacres, les haquets, les tapissières, les omnibus, les camions, pressés les uns contre les autres, semblaient indissolublement joints et assemblés. Et sur leur immobilité frémissante s'élevaient des jurons et des cris. Les cochers de fiacre échangeaient de loin, et lentement, avec les garçons bouchers, des injures héroïques, et les conducteurs d'omnibus, considérant Crainquebille comme la cause de l'embarras, l'appelaient « sale poireau ».

Cependant, sur le trottoir, des curieux se pressaient, attentifs à la querelle. Et l'agent, se voyant observé, ne songea plus qu'à faire montre de son autorité.

— C'est bon, dit-il.

Et il tira de sa poche un calepin crasseux et un crayon très court.

Crainquebille suivait son idée et obéissait à une force intérieure. D'ailleurs il lui était impossible maintenant d'avancer ou de reculer. La roue de sa charrette était malheureusement prise dans la roue d'une voiture de laitier.

Il s'écria, en s'arrachant les cheveux sous sa casquette :

— Mais, puisque je vous dis que j'attends mon argent ! C'est-il pas malheureux ! Misère de misère ! Bon sang de bon sang !

Par ces propos, qui pourtant exprimaient moins la révolte que le désespoir, l'agent 64 se crut insulté. Et comme, pour lui, toute insulte revêtait nécessairement la forme traditionnelle, régulière, consacrée, rituelle et pour ainsi dire liturgique de « Mort aux vaches ! », c'est sous cette forme que spontanément il recueillit et concréta dans son oreille les paroles du délinquant.

— Ah ! vous avez dit : « Mort aux vaches ! » C'est bon. Suivez-moi.

Crainquebille, dans l'excès de la stupeur et de la détresse, regardait avec ses gros yeux brûlés du soleil l'agent 64, et de sa voix cassée, qui lui sortait tantôt de dessus la tête et tantôt de dessous les talons, s'écriait, les bras croisés sur sa blouse bleue :

— J'ai dit : « Mort aux vaches » ? Moi ?... Oh !

Cette arrestation fut accueillie par les rires des employés de commerce et des petits garçons. Elle contentait le goût que toutes les foules d'hommes éprouvent pour les spectacles ignobles et violents. Mais, s'étant frayé un passage à travers le cercle populaire, un vieillard très triste, vêtu de noir et coiffé d'un chapeau de haute forme, s'approcha de l'agent et lui dit très doucement et très fermement, à voix basse :

— Vous vous êtes mépris. Cet homme ne vous a pas insulté.

— Mêlez-vous de ce qui vous regarde, lui répondit l'agent, sans proférer de menaces, car il parlait à un homme proprement mis.

Le vieillard insista avec beaucoup de calme et de ténacité. Et l'agent lui intima l'ordre de s'expliquer chez le Commissaire.

Cependant Crainquebille s'écriait :

— Alors ! que j'ai dit « Mort aux vaches ! » Oh !...

Il prononçait ces paroles étonnées quand Mme Bayard, la cordonnière, vint à lui, les quatorze sous dans la main. Mais déjà l'agent 64 le tenait au collet, et Mme Bayard, pensant qu'on ne devait rien à un homme conduit au poste, mit les quatorze sous dans la poche de son tablier.

Et voyant tout à coup sa voiture en fourrière, sa liberté perdue, l'abîme sous ses pas et le soleil éteint, Crainquebille murmura :

— Tout de même !...

Devant le Commissaire, le vieillard déclara que, arrêté sur son chemin par un embarras de voitures, il avait été témoin de la scène, qu'il affirmait que l'agent n'avait pas été insulté, et qu'il s'était totalement mépris. Il donna ses noms et qualités : docteur David Matthieu, médecin en chef de l'hôpital Ambroise-Paré, officier de la Légion d'honneur. En d'autres temps, un tel témoignage aurait suffisamment éclairé le Commissaire. Mais alors, en France, les savants étaient suspects.

Crainquebille, dont l'arrestation fut maintenue, passa la nuit au violon et fut transféré, le matin, dans le panier à salade, au dépôt.

La prison ne lui parut ni douloureuse, ni humiliante. Elle lui parut nécessaire. Ce qui le frappa en y entrant, ce fut la propreté des murs et du carrelage. Il dit :

— Pour un endroit propre, c'est un endroit propre. Vrai de vrai ! On mangerait par terre.

Laissé seul, il voulut tirer son escabeau ; mais il s'aperçut qu'il était enchaîné au mur.

Il en exprima tout haut sa surprise :

— Quelle drôle d'idée ! Voilà une chose que j'aurais pas inventée, pour sûr.

S'étant assis, il tourna ses pouces et demeura dans l'étonnement. Le silence et la solitude l'accablaient. Il s'ennuyait et il pensait avec inquiétude à sa voiture mise en fourrière encore toute chargée de choux, de carottes, de céleri, de mâche et de pissenlit. Et il se demandait anxieux :

— Où qu'ils m'ont étouffé ma voiture ?

Le troisième jour, il reçut la visite de son avocat, Me Lemerle, un des plus jeunes membres du barreau de Paris, président d'une des sections de la « Ligue de la Patrie française ».

Crainquebille essaya de lui conter son affaire, ce qui ne lui était pas facile, car il n'avait pas l'habitude de la parole. Peut-être s'en serait-il tiré pourtant, avec un peu d'aide. Mais son avocat secouait la tête d'un air méfiant à tout ce qu'il disait, et, feuilletant des papiers, murmurait :

— Hum ! Hum ! je ne vois rien de tout cela au dossier...

Puis, avec un peu de fatigue, il dit en frisant sa moustache blonde :

— Dans votre intérêt, il serait peut-être préférable d'avouer. Pour ma part j'estime que votre système de dénégations absolues est d'une insigne maladresse.

Et dès lors Crainquebille eût fait des aveux s'il avait su ce qu'il fallait avouer.

M. le président Bourriche consacra six minutes pleines à l'interrogatoire de Crainquebille. Cet interrogatoire aurait apporté plus de lumière si l'accusé avait répondu aux questions qui lui étaient posées. Mais Crainquebille n'avait pas l'habitude de la discussion, et dans une telle compagnie le respect et l'effroi lui fermaient la bouche. Aussi gardait-il le silence et le président faisait lui-même les réponses ; elles étaient accablantes. Il conclut :

— Enfin, vous reconnaissez avoir dit : « Mort aux vaches ! »

Alors seulement l'inculpé Crainquebille tira de sa vieille gorge un bruit de ferraille et de carreaux cassés.

— J'ai dit : « Mort aux vaches ! » parce que M. l'agent a dit : « Mort aux vaches ! » Alors j'ai dit : « Mort aux vaches ! »

Il voulait faire entendre qu'étonné par l'imputation la plus imprévue, il avait, dans sa stupeur, répété les paroles étranges qu'on lui prêtait faussement et qu'il n'avait certes point prononcées. Il avait dit : « Mort aux vaches ! » comme il eût dit : « Moi ! tenir des propos injurieux, l'avez-vous pu croire ? »

M. le président Bourriche ne le prit pas ainsi.

— Prétendez-vous, dit-il, que l'agent a proféré le cri le premier ?

Crainquebille renonça à s'expliquer. C'était trop difficile.

— Vous n'insistez pas. Vous avez raison, dit le président.

Et il fit appeler les témoins.

L'agent 64, de son nom Bastien Matra, jura de dire la vérité et de ne rien dire que la vérité. Puis il déposa en ces termes :

— Étant de service le 20 octobre, à l'heure de midi, je remarquai, dans la rue Montmartre, un individu qui me sembla être un vendeur ambulant et qui tenait sa charrette indûment arrêtée à la hauteur du numéro 328, ce qui occasionnait un encombrement de voitures. Je lui intimai par trois fois l'ordre de circuler, auquel il refusa d'obtempérer. Et sur ce que je l'avertis que j'allais verbaliser, il me répondit en criant : « Mort aux vaches ! » ce qui me sembla être injurieux.

Cette déposition, ferme et mesurée, fut écoutée avec une évidente faveur par le Tribunal. La défense avait cité Mme Bayard, cordonnière, et M. David Matthieu, médecin en chef de l'hôpital Ambroise-Paré, officier de la Légion d'honneur. Mme Bayard n'avait rien vu ni entendu. Le docteur Matthieu se trouvait dans la foule assemblée autour de l'agent qui sommait le marchand de circuler. Sa déposition amena un incident.

— J'ai été témoin de la scène, dit-il. J'ai remarqué que l'agent s'était mépris : il n'avait pas été insulté. Je m'approchai et lui en fis l'observation. L'agent maintint le marchand en état d'arrestation et m'invita à le suivre au commissariat. Ce que je fis. Je réitérai ma déclaration devant le Commissaire.

— Vous pouvez vous asseoir, dit le président. Huissier, rappelez le témoin Matra. — Matra, quand vous avez procédé à l'arrestation de l'accusé, M. le docteur Matthieu ne vous a-t-il pas fait observer que vous vous mépreniez ?

— C'est-à-dire, monsieur le président, qu'il m'a insulté.

— Que vous a-t-il dit ?

— Il m'a dit : « Mort aux vaches ! »

Une rumeur et des rires s'élevèrent dans l'auditoire.

— Vous pouvez vous retirer, dit le président avec précipitation.

Et il avertit le public que si ces manifestations indécentes se reproduisaient, il ferait évacuer la salle. Cependant la défense agitait triomphalement les manches de sa robe, et l'on pensait en ce moment que Crainquebille serait acquitté.

Le calme s'étant rétabli, Me Lemerle se leva. Il commença sa plaidoirie par l'éloge des agents de la Préfecture, « ces modestes serviteurs de la société, qui, moyennant un salaire dérisoire, endurent des fatigues et affrontent des périls incessants, et qui pratiquent l'héroïsme quotidien. Ce sont d'anciens soldats, et qui restent soldats. Soldats, ce mot dit tout... ».

Et Me Lemerle s'éleva, sans effort, à des considérations très hautes sur les vertus militaires. Il était de ceux, dit-il, « qui ne permettent pas qu'on touche à l'armée, à cette armée nationale à laquelle il était fier d'appartenir ».

Le président inclina la tête.

Me Lemerle, en effet, était lieutenant dans la territoriale. Il était aussi candidat nationaliste dans le quartier des Vieilles-Haudriettes.

Il poursuivit :

« Non certes, je ne méconnais pas les services modestes et précieux que rendent journellement les gardiens de la paix à la vaillante population de Paris. Et je n'aurais pas consenti à vous présenter, messieurs, la défense de Crainquebille si j'avais vu en lui l'insulteur d'un ancien soldat. On accuse mon client d'avoir dit : « Mort aux vaches ! » Le sens de cette phrase n'est pas douteux. Si vous feuilletez le Dictionnaire de la langue verte, vous y lirez : « Vachard, paresseux, fainéant ; qui « s'étend paresseusement comme une vache, au « lieu de travailler. — Vache, qui se vend à la « police ; mouchard. » Mort aux vaches ! se dit dans un certain monde. Mais toute la question est celle-ci : comment Crainquebille l'a-t-il dit ? Et même, l'a-t-il dit ? Permettez-moi, messieurs, d'en douter.

» Je ne soupçonne l'agent Matra d'aucune mauvaise pensée. Mais il accomplit, comme nous l'avons dit, une tâche pénible. Il est parfois fatigué, excédé, surmené. Dans ces conditions il peut avoir été la victime d'une sorte d'hallucination de l'ouïe. Et quand il vient vous dire, messieurs, que le docteur David Matthieu, officier de la Légion d'honneur, médecin en chef de l'hôpital Ambroise-Paré, un prince de la science et un homme du monde, a crié aussi : « Mort aux vaches ! » nous sommes bien forcés de reconnaître que Matra est en proie à la maladie de l'obsession, et, si le terme n'est pas trop fort, au délire de la persécution.

» Et alors même que Crainquebille aurait crié : « Mort aux vaches ! » il resterait à savoir si ce mot a, dans sa bouche, le caractère d'un délit. Crainquebille est l'enfant naturel d'une marchande ambulante, perdue d'inconduite et de boisson : il est né alcoolique. Vous le voyez ici abruti par soixante ans de misère. Messieurs, vous direz qu'il est irresponsable. »

Me Lemerle s'assit et M. le président Bourriche lut entre ses dents un jugement qui condamnait Jérôme Crainquebille à quinze jours de prison et 50 francs d'amende. Le Tribunal avait fondé sa conviction sur le témoignage de l'agent Matra.

Mené par les longs couloirs sombres du Palais, Crainquebille ressentit un immense besoin de sympathie. Il se tourna vers le garde de Paris qui le conduisait et l'appela trois fois :

— Cipal !... Cipal !... Hein ? Cipal !...

Et il soupira :

— Il y a seulement quinze jours, si on m'avait dit qu'il m'arriverait ce qui m'arrive !...

Puis il fit cette réflexion :

— Ils parlent trop vite, ces messieurs. Ils parlent bien, mais ils parlent trop vite. On peut pas s'expliquer avec eux... Cipal, vous trouvez pas qu'ils parlent trop vite ?

Mais le soldat marchait sans répondre ni tourner la tête.

Crainquebille lui demanda :

— Pourquoi que vous me répondez pas ?

Et le soldat garda le silence. Et Crainquebille lui dit avec amertume :

— On parle bien à un chien. Pourquoi que vous me parlez pas ? Vous ouvrez jamais la bouche : vous avez donc pas peur qu'elle pue ?

*
* *

Crainquebille, reconduit en prison, s'assit, plein d'étonnement et d'admiration, sur son escabeau enchaîné. Il ne savait pas bien lui-même que les juges s'étaient trompés. Le Tribunal lui avait caché ses faiblesses intimes sous la majesté des formes. Il ne pouvait croire qu'il eût raison contre des magistrats dont il n'avait pas compris les raisons ; il lui était impossible de concevoir que quelque chose clochât dans une si belle cérémonie. Car, n'allant ni à la messe ni à l'Élysée, il n'avait, de sa vie, rien vu de si beau qu'un jugement en police correctionnelle. Il savait bien qu'il n'avait pas crié « Mort aux vaches ! » Et, qu'il eût été condamné à quinze jours de prison pour l'avoir crié, c'était, en sa pensée, un auguste mystère, un de ces articles de foi auxquels les croyants adhèrent sans les comprendre, une révélation obscure, éclatante, adorable et terrible.

Ce pauvre vieil homme se reconnaissait coupable d'avoir mystiquement offensé l'agent 64, comme le petit garçon qui va au catéchisme se reconnaît coupable du péché d'Ève. Il lui était enseigné, par son arrêt, qu'il avait crié : « Mort aux vaches ! » C'était donc qu'il avait crié : « Mort aux vaches ! » d'une façon mystérieuse, inconnue de lui-même. Il était transporté dans un monde surnaturel. Son jugement était son apocalypse.

S'il ne se faisait pas une idée nette du délit, il ne se faisait pas une idée plus nette de la peine. Sa condamnation lui avait paru une chose solennelle, rituelle et supérieure, une chose éblouissante, qui ne se comprend pas, qui ne se discute pas, et dont on n'a ni à se louer, ni à se plaindre. A cette heure il aurait vu le président Bourriche, une auréole au front, descendre, avec des ailes blanches, par le plafond entr'ouvert, qu'il n'aurait pas été surpris de cette nouvelle manifestation de la gloire judiciaire. Il se serait dit : « Voilà mon affaire qui continue ! »

Le lendemain son avocat vint le voir :

— Eh bien ! mon bonhomme, vous n'êtes pas trop mal ? Du courage ! une semaine est vite passée. Nous n'avons pas trop à nous plaindre.

— Pour ça, on peut dire que ces messieurs ont été bien doux, bien polis ; pas un gros mot. J'aurais pas cru. Et le cipal avait mis des gants blancs. Vous avez pas vu ?

— Tout pesé, nous avons bien fait d'avouer.

— Possible.

— Crainquebille, j'ai une bonne nouvelle à vous annoncer. Une personne charitable, que j'ai intéressée à votre position, m'a remis pour vous une somme de 50 francs qui sera affectée au payement de l'amende à laquelle vous avez été condamné.

— Alors, quand que vous me donnerez les 50 francs ?

— Ils seront versés au greffe. Ne vous en inquiétez pas.

— C'est égal. Je remercie tout de même la personne.

Et Crainquebille, méditatif, murmura :

— C'est pas ordinaire ce qui m'arrive.

— N'exagérez rien, Crainquebille. Votre cas n'est pas rare, loin de là.

— Vous pourriez pas me dire où qu'ils m'ont étouffé ma voiture ?

*
* *

Crainquebille, sorti de prison, poussait sa voiture, rue Montmartre, en criant : Des choux, des navets, des carottes ! Il n'avait ni orgueil ni honte de son aventure. Il n'en gardait pas un souvenir pénible. Cela tenait, dans son esprit, du théâtre, du voyage et du rêve. Il était surtout content de marcher dans la boue, sur le pavé de la ville, et de voir sur sa tête le ciel tout en eau et sale comme le ruisseau, le bon ciel de sa ville. Il s'arrêtait à tous les coins de rue pour boire un verre ; puis, libre et joyeux, ayant craché dans ses mains pour en lubrifier la paume calleuse, il empoignait les brancards et poussait la charrette, tandis que, devant lui, les moineaux, comme lui matineux et pauvres, qui cherchaient leur vie sur la chaussée, s'envolaient en gerbe avec son cri familier : Des choux, des navets, des carottes ! Une vieille ménagère, qui s'était approchée, lui disait, en tâtant des céleris :

— Qu'est-ce qui vous est donc arrivé, père Crainquebille ? Il y a bien trois semaines qu'on ne vous a pas vu. Vous avez été malade ? Vous êtes un peu pâle.

— Je vas vous dire, m'ame Mailloche, j'ai fait le rentier.

Rien n'est changé dans sa vie, à cela près qu'il va chez le troquet plus souvent que d'habitude, parce qu'il a l'idée que c'est fête, et qu'il a fait connaissance avec des personnes charitables. Il rentre, un peu gai, dans sa soupente. Etendu dans le plumard, il ramène sur lui les sacs que lui a prêtés le marchand de marrons du coin et qui lui servent de couverture, et il songe : « La prison, il n'y a pas à se plaindre ; on y a tout ce qui vous faut. Mais on est tout de même mieux chez soi. »

Son contentement fut de courte durée. Il s'aperçut vite que les clientes lui firent grise mine.

— Des beaux céleris, m'ame Cointreau !

— Il ne me faut rien.

— Comment qu'il ne vous faut rien ? Vous vivez pourtant pas de l'air du temps.

Et m'ame Cointreau, sans lui faire de réponse, rentrait fièrement dans la grande boulangerie dont elle était la patronne. Les boutiquières et les concierges, naguère assidues autour de sa voiture verdoyante et fleurie, maintenant se détournaient de lui. Parvenu à la cordonnerie de l'*Ange gardien*, qui est le point où commencèrent ses aventures judiciaires, il appela :

— M'ame Bayard, m'ame Bayard, vous me devez quinze sous de l'autre fois.

Mais m'ame Bayard, qui siégeait à son comptoir, ne daigna pas tourner la tête.

Toute la rue Montmartre savait que le père Crainquebille sortait de prison, et toute la rue Montmartre ne le connaissait plus. Le bruit de sa condamnation était parvenu jusqu'au faubourg et à l'angle tumultueux de la rue Richer. Là, vers midi, il aperçut Mme Laure, sa bonne et fidèle cliente, penchée sur la voiture du petit Martin. Elle tâtait un gros chou. Ses cheveux brillaient au soleil comme d'abondants fils d'or largement tordus. Et le petit Martin, un pas grand'chose, un sale coco, lui jurait, la main sur son cœur, qu'il n'y avait pas plus belle marchandise que la sienne. A ce spectacle, le cœur de Crainquebille se déchira. Il poussa sa voiture sur celle du petit Martin et dit à Mme Laure d'une voix plaintive et brisée :

— C'est pas bien de me faire des infidélités.

Mme Laure, comme elle le reconnaissait elle-même, n'était pas une duchesse. Ce n'est pas dans le monde qu'elle s'était fait une idée du panier à salade et du Dépôt. Mais on peut être honnête dans tous les états, pas vrai ? Chacun a son amour-propre, et l'on n'aime pas avoir affaire à un individu qui sort de prison. Aussi ne répondit-elle à Crainquebille qu'en simulant un haut de cœur.

Et le vieux marchand ambulant, ressentant l'affront, hurla :

— Dessalée, va !

Mme Laure en laissa tomber son chou vert, et s'écria :

— Eh ! va donc, vieux cheval de retour ! Ça sort de prison, et ça insulte les personnes !

Crainquebille, s'il avait été de sang-froid, n'aurait jamais reproché à Mme Laure sa condition. Il savait trop qu'on ne fait pas ce qu'on veut dans la vie, qu'on ne choisit pas son métier, et qu'il y a du bon monde partout. Il avait coutume d'ignorer sagement ce que faisaient chez elles les clientes, et il ne méprisait personne. Mais il était hors de lui. Il donna par trois fois à Mme Laure les noms de dessalée, de charogne et de roulure. Un cercle de curieux se forma autour de Mme Laure et de Crainquebille, qui échangèrent encore plusieurs injures aussi solennelles que les premières, et qui eussent égrené tout du long leur chapelet, si un agent soudainement apparu ne les avait, par son silence et son immobilité, rendus tout à coup aussi muets et immobiles que lui. Ils se séparèrent. Mais cette scène acheva de perdre Crainquebille dans l'esprit du faubourg Montmartre et de la rue Richer.

*
* *

Et le vieil homme allait marmonnant :

— Pour sûr que c'est une morue. Et même y a pas plus morue que cette femme-là.

Mais dans le fond de son cœur, ce n'est pas de cela qu'il faisait un reproche. Il ne la méprisait pas d'être ce qu'elle était. Il l'en estimait plutôt, la sachant économe et rangée. Autrefois ils causaient tous deux volontiers ensemble. Elle lui parlait de ses parents qui habitaient la campagne. Et ils formaient tous deux le même vœu de cultiver un petit jardin et d'élever des poules. C'était une bonne cliente. De la voir acheter des choux au petit Martin, un sale coco, un pas grand'chose, il en avait reçu un coup dans l'estomac ; et quand il l'avait vue faisant mine de le mépriser, la moutarde lui avait monté au nez, et dame !

Le pis, c'est qu'elle n'était pas la seule qui le traitât comme un galeux. Personne ne voulait plus le connaître. De même que Mme Laure, Mme Cointreau la boulangère, Mme Bayard de l'*Ange gardien* le méprisaient et le repoussaient. Toute la société, quoi !

Alors ! parce qu'on avait été mis pour quinze jours à l'ombre, on n'était plus bon seulement à vendre des poireaux ! Est-ce que c'était juste ? Est-ce qu'il y avait du bon sens à faire mourir de faim un brave homme parce qu'il avait eu des difficultés avec les flics ? S'il ne pouvait plus vendre ses légumes, il n'avait plus qu'à crever.

Comme le vin maltraité, il tournait à l'aigre. Après avoir eu « des mots » avec Mme Laure, il en avait maintenant avec tout le monde. Pour un rien, il disait leur fait aux chalandes, et sans mettre de gants, je vous prie de le croire. Si elles tâtaient un peu longtemps la marchandise, il les appelait proprement râleuses et purées ; pareillement, chez le troquet, il engueulait les camarades. Son ami, le marchand de marrons, qui ne le reconnaissait plus, déclarait que ce sacré père Crainquebille était un vrai porc-épic. On ne peut le nier : il devenait incongru, mauvais coucheur, mal embouché, fort en gueule. C'est que, trouvant la société imparfaite, il avait moins de facilité qu'un professeur de l'Ecole des sciences morales et politiques à exprimer ses idées sur les vices du système et sur les réformes nécessaires, et que ses pensées ne se déroulaient pas dans sa tête avec ordre et mesure.

Le malheur le rendait injuste. Il se revanchait sur ceux qui ne lui voulaient pas de mal et quelquefois sur de plus faibles que lui. C'est ainsi qu'il donna une gifle à Alphonse, le petit du marchand de vin, qui lui avait demandé si on était bien à l'ombre. Il le gifla et lui dit :

— Sale gosse ! c'est ton père qui devrait être à l'ombre au lieu de s'enrichir à vendre du poison.

Acte et parole qui ne lui faisaient pas honneur ; car, ainsi que le marchand de marrons le lui remontra justement, on ne doit pas battre un enfant, ni lui reprocher son père, qu'il n'a pas choisi.

Il s'était mis à boire. Moins il gagnait d'argent, plus il buvait d'eau-de-vie. Autrefois économe et sobre, il s'émerveillait lui-même de ce changement.

— J'ai jamais été fricoteur, disait-il. Faut croire qu'on devient moins raisonnable en vieillissant.

Parfois il jugeait sévèrement son inconduite et sa paresse :

— Mon vieux Crainquebille, t'es plus bon que pour lever le coude.

Parfois il se trompait lui-même et se persuadait qu'il buvait par besoin :

— Faut comme ça, de temps en temps, que je boive un verre pour me donner des forces et pour me rafraîchir. Sûr que j'ai quelque chose de brûlé dans l'intérieur. Et il y a encore que la boisson comme rafraîchissement.

Souvent il manquait la criée matinale et ne se fournissait plus que de marchandise avariée qu'on lui livrait à crédit. Un jour, se sentant les jambes molles et le cœur las, il laissa sa voiture dans la remise et passa toute la sainte journée à tourner autour de l'étal de Mme Rose, la tripière, et devant tous les troquets des Halles. Le soir, assis sur un panier, il songea, et il eut conscience de sa déchéance. Il se rappela sa force première et ses antiques travaux, ses longues fatigues et ses gains heureux, ses jours innombrables, égaux et pleins ; les cent pas, la nuit, sur le carreau des Halles, en attendant la criée ; les légumes enlevés par brassées et rangés avec art dans la voiture, le petit noir de la mère Théodore avalé tout chaud d'un coup, au pied levé, les brancards empoignés solidement ; son cri, vigoureux comme le chant du coq, déchirant l'air matinal, sa course par les rues populeuses, toute sa vie innocente et rude de cheval humain, qui, durant un demi-siècle, porta, sur son étal roulant, aux citadins brûlés de veilles et de soucis, la fraîche moisson des jardins potagers. Et secouant la tête il soupira :

— Non ! j'ai plus le courage que j'avais. Je suis fini. Tant va la cruche à l'eau qu'à la fin elle se casse. Et puis, depuis mon affaire en justice, je n'ai plus le même caractère. Je suis plus le même homme, quoi !

Enfin, il était démoralisé. Un homme dans cet état-là, autant dire que c'est un homme par terre et incapable de se relever. Tous les gens qui passent lui pilent dessus.

*
* *

La misère vint, la misère noire. Le vieux marchand ambulant, qui rapportait autrefois du faubourg Montmartre les pièces de cent sous à plein sac, maintenant n'avait plus un rond. C'était l'hiver. Expulsé de sa soupente, il coucha sous des charrettes, dans une remise. Les pluies ayant tombé pendant vingt-quatre jours, les égoûts débordèrent et la remise fut inondée.

Accroupi dans sa voiture, au-dessus des eaux empoisonnées, en compagnie des araignées, des rats et des chats faméliques, il songeait dans l'ombre. N'ayant rien mangé de la journée et n'ayant plus pour se couvrir les sacs du marchand de marrons, il se rappela la semaine durant laquelle le gouvernement lui avait donné le vivre et le couvert. Il envia le sort des prisonniers, qui ne souffrent ni du froid ni de la faim, et il lui vint une idée :

— Puisque je connais le truc, pourquoi que je ne m'en servirais pas ?

Il se leva et sortit dans la rue. Il n'était guère plus de onze heures. Il faisait un temps aigre et noir. Une bruine tombait, plus froide et plus pénétrante que la pluie. De rares passants se coulaient au ras des murs.

Crainquebille longea l'église Saint-Eustache et tourna dans la rue Montmartre. Elle était déserte. Un gardien de la paix se tenait planté sur le trottoir, au chevet de l'église, sous un bec de gaz, et l'on voyait, autour de la flamme, tomber une petite pluie rousse. L'agent la recevait sur son capuchon. Il avait l'air transi, mais soit qu'il préférât la lumière à l'ombre, soit qu'il fût las de marcher, il restait sous son candélabre, et peut-être s'en faisait-il un compagnon, un ami. Cette flamme tremblante était son seul entretien dans la nuit solitaire. Son immobilité ne paraissait pas tout à fait humaine; le reflet de ses bottes sur le trottoir mouillé, qui semblait un lac, le prolongeait inférieurement et lui donnait de loin l'aspect d'un monstre amphibie, à demi sorti des eaux. De plus près, encapuchonné et armé, il avait l'air monacal et militaire. Les gros traits de son visage, encore grossis par l'ombre du capuchon, étaient paisibles et tristes. Il avait une moustache épaisse, courte et grise. C'était un vieux sergot, un homme d'une quarantaine d'années.

Crainquebille s'approcha doucement de lui et, d'une voix hésitante et faible, lui dit :

— Mort aux vaches !

Puis il attendit l'effet de cette parole consacrée. Mais elle ne fut suivie d'aucun effet. Le sergot resta immobile et muet, les bras croisés sous son manteau court. Ses yeux, grands ouverts et qui luisaient dans l'ombre, regardaient Crainquebille avec tristesse, vigilance et mépris.

Crainquebille étonné, mais gardant encore un reste de résolution, balbutia :

— Mort aux vaches ! que je vous ai dit.

Il y eut un long silence durant lequel tombait la pluie fine et rousse et régnait l'ombre glaciale. Enfin le sergot parla :

— Ce n'est pas à dire.... Pour sûr et certain que ce n'est pas à dire. A votre âge on devrait avoir plus de connaissance.... Passez votre chemin.

— Pourquoi que vous m'arrêtez pas ? demanda Crainquebille.

Le sergot secoua la tête sous son capuchon humide :

— S'il fallait empoigner tous les poivrots qui disent ce qui n'est pas à dire, y en aurait de l'ouvrage !... Et de quoi que ça servirait ?

Crainquebille, accablé par ce dédain magnanime, demeura longtemps stupide et muet, les pieds dans le ruisseau. Avant de partir, il essaya de s'expliquer :

— C'était pas pour vous que j'ai dit : « Mort aux vaches ! » C'était pas plus pour l'un que pour l'autre que je l'ai dit. C'était pour une idée.

Le sergot répondit avec une austère douceur :

— Que ce soye pour une idée ou pour autre chose, ce n'était pas à dire, parce que quand un homme fait son devoir et qu'il endure bien des souffrances, on ne doit pas l'insulter par des paroles futiles... Je vous réitère de passer votre chemin.

Crainquebille, la tête basse et les bras ballants, s'enfonça sous la pluie dans l'ombre.

CLOPINEL

C'était le premier jour de l'an. Par les rues blondes d'une boue fraîche, entre deux averses, M. Bergeret et sa fille Pauline allaient porter leurs souhaits à une tante maternelle qui vivait encore, mais pour elle seule et peu, et qui habitait dans la rue Rousselet un petit logis de béguine, sur un potager, dans le son des cloches conventuelles. Pauline était joyeuse sans raison et seulement parce que ces jours de fête, qui marquent le cours du temps, lui rendaient plus sensibles les progrès charmants de sa jeunesse.

M. Bergeret gardait, en ce jour solennel, son indulgence coutumière, n'attendant plus grand bien des hommes et de la vie, mais sachant, comme M. Fagon, qu'il faut beaucoup pardonner à la nature. Le long des voies, les mendiants, dressés comme des candélabres ou étalés comme des reposoirs, faisaient l'ornement de cette fête sociale. Ils étaient tous venus parer les quartiers bourgeois, nos pauvres, truands, cagoux, piètres et malingreux, callots et sabouleux, francs-mitoux, drilles, courtauts de boutanche. Mais, subissant l'effacement universel des caractères et se conformant à la médiocrité générale des mœurs, ils n'étalaient pas, comme aux âges du grand Coësre, des difformités horribles et des plaies épouvantables. Ils n'entouraient point de linges sanglants leurs membres mutilés. Ils étaient simples, ils n'affectaient que des infirmités supportables. L'un d'eux suivit assez longtemps M. Bergeret en clochant du pied, et toutefois d'un pas agile. Puis il s'arrêta et se remit en lampadaire au bord du trottoir.

Après quoi M. Bergeret dit à sa fille :

— Je viens de commettre une mauvaise action: je viens de faire l'aumône. En donnant deux sous à Clopinel, j'ai goûté la joie honteuse d'humilier mon semblable, j'ai consenti le pacte odieux qui assure au fort sa puissance et au faible sa faiblesse, j'ai scellé de mon sceau l'antique iniquité, j'ai contribué à ce que cet homme n'eût qu'une moitié d'âme.

— Tu as fait tout cela, papa ? dit Pauline incrédule.

— Presque tout cela, répondit M. Bergeret. J'ai vendu à mon frère Clopinel de la fraternité à faux poids. Je me suis humilié en l'humiliant. Car l'aumône avilit également celui qui la reçoit et celui qui la fait. J'ai mal agi.

— Je ne crois pas, dit Pauline.

— Tu ne le crois pas, répondit M. Bergeret, parce que tu n'as pas de philosophie et que tu ne sais pas tirer d'une action innocente en apparence les conséquences infinies qu'elle porte en elle. Ce Clopinel m'a induit en aumône. Je n'ai pu résister à l'importunité de sa voix de complainte. J'ai plaint son maigre cou sans linge, ses genoux que le pantalon, tendu par un trop long usage, rend tristement pareils aux genoux d'un chameau, ses pieds au bout desquels les souliers vont le bec ouvert comme un couple de canards. Séducteur ! O dangereux Clopinel ! Clopinel délicieux ! Par toi, mon sou produit un peu de bassesse, un peu de honte. Par toi, j'ai constitué avec un sou une parcelle de mal et de laideur. En te communiquant ce petit signe de la richesse et de la puissance, je t'ai fait capitaliste avec ironie et convié sans honneur au banquet de la société, aux fêtes de la civilisation. Et aussitôt j'ai senti que j'étais un puissant de ce monde au regard de toi, un riche près de toi, doux Clopinel, mendigot exquis, flatteur ! Je me suis réjoui, je me suis enorgueilli, je me suis complu dans mon opulence et ma grandeur. Vis, ô Clopinel ! *Pulcher hymnus divitiarum pauper immortalis.*

» Exécrable pratique de l'aumône ! Pitié barbare de l'élémosyne ! Antique erreur du bourgeois qui donne un sou et qui pense faire le bien, et qui se croit quitte envers tous ses frères, par le plus misérable, le plus gauche, le plus ridicule, le plus sot, le plus pauvre acte de tous ceux qui peuvent être accomplis en vue d'une meilleure répartition des richesses. Cette coutume de faire l'aumône est contraire à la bienfaisance et en horreur à la charité.

— C'est vrai ? demanda Pauline avec bonne volonté.

— L'aumône, poursuivit M. Bergeret, n'est pas plus comparable à la bienfaisance que la grimace d'un singe ne ressemble au sourire de la Joconde. La bienfaisance est ingénieuse autant que l'aumône est inepte. Elle est vigilante, elle proportionne son effort au besoin. C'est précisément ce que je n'ai point fait à l'endroit de mon frère Clopinel. Le nom seul de bienfaisance éveillait les plus douces idées dans les âmes sensibles, au siècle des philosophes. On croyait que ce nom avait été créé par le bon abbé de Saint-Pierre. Mais il est plus ancien et se trouve déjà dans le vieux Balzac. Au XVIe siècle, on disait bénéficence. C'est le même mot. J'avoue que je ne retrouve pas à ce mot de bienfaisance sa beauté première ; il m'a été gâté par les pharisiens qui l'ont trop employé. Nous avons dans notre société beaucoup d'établissements de bienfaisance, monts-de-piété, sociétés de prévoyance, d'assurance mutuelle. Quelques-uns sont utiles et rendent des services. Leur vice commun est de procéder de l'iniquité sociale qu'ils sont destinés à corriger et d'être des médecines contaminées. La bienfaisance universelle, c'est que chacun vive de son travail et non du travail d'autrui. Hors l'échange et la solidarité, tout est vil, honteux, infécond. La charité humaine, c'est le concours de tous dans la production et le partage des fruits.

» Elle est la justice ; elle est amour, et les pauvres y sont plus habiles que les riches. Quels riches exercèrent jamais aussi pleinement qu'Épictète ou que Benoît Malon la charité du genre humain ? La charité véritable, c'est le don des œuvres de chacun à tous, c'est la belle bonté, c'est le geste harmonieux de l'âme qui se penche comme un vase plein de nard précieux et qui se répand en bienfaits, c'est Michel-Ange peignant la chapelle Sixtine, ou les députés à l'Assemblée nationale dans la nuit du 4 août; c'est le don répandu dans sa plénitude heureuse, l'argent coulant pêle-mêle avec l'amour et la pensée. Nous n'avons rien en propre que nous-mêmes. On ne donne vraiment que quand on donne son travail, son âme, son génie. Et cette offrande magnifique de tout soi à tous les hommes enrichit le donateur autant que la communauté.

— Mais, objecta Pauline, tu ne pouvais pas donner de l'amour et de la beauté à Clopinel. Tu lui as donné ce qui lui était le plus convenable.

— Il est vrai que Clopinel est devenu une brute. De tous les biens qui peuvent flatter un homme, il ne goûte que l'alcool. J'en juge à ce qu'il puait l'eau-de-vie, quand il m'approcha. Mais tel qu'il est, il est notre ouvrage. Notre orgueil fut son père; notre iniquité sa mère. Il est le fruit mauvais de nos vices. Tout homme en société doit donner et recevoir. Celui-ci n'a pas assez donné sans doute parce qu'il n'a pas assez reçu.

— C'est peut-être un paresseux, dit Pauline. Comment ferons-nous, mon Dieu, pour qu'il n'y ait plus de pauvres, plus de faibles, ni de paresseux? Est-ce que tu ne crois pas que les hommes sont bons naturellement et que c'est la société qui les rend méchants?

— Non. Je ne crois pas que les hommes soient bons naturellement, répondit M. Bergeret. Je vois plutôt qu'ils sortent péniblement et peu à peu de la barbarie originelle et qu'ils organisent à grand effort une justice incertaine et une bonté précaire. Le temps est loin encore où ils seront doux et bienveillants les uns pour les autres. Le temps est loin où ils ne feront plus la guerre entre eux et où les tableaux qui représentent des batailles seront cachés aux yeux comme immoraux et offrant un spectacle honteux. Je crois que le règne de la violence durera longtemps encore, que longtemps les peuples s'entre-déchireront pour des raisons frivoles, que longtemps les citoyens d'une même nation s'arracheront furieusement les uns aux autres les biens nécessaires à la vie, au lieu d'en faire un partage équitable. Mais je crois aussi que les hommes sont moins féroces quand ils sont moins misérables, que les progrès de l'industrie déterminent à la longue quelque adoucissement dans les mœurs, et je tiens d'un botaniste que l'aubépine transportée d'un terrain sec en un sol gras y change ses épines en fleurs.

— Vois-tu ? tu est optimiste, papa ! Je le savais bien, s'écria Pauline en s'arrêtant au milieu du trottoir pour fixer un moment sur son père le regard de ses yeux gris d'aube, pleins de lumière douce et de fraîcheur matinale. Tu est optimiste. Tu travailles de bon cœur à bâtir la maison future. C'est bien, cela ! C'est beau de construire avec les hommes de bonne volonté la république nouvelle.

M. Bergeret sourit à cette parole d'espoir et à ces yeux d'aurore.

— Oui, dit-il, ce serait beau d'établir la société nouvelle, où chacun recevrait le prix de son travail.

— N'est-ce pas que cela sera ?... Mais quand ? demanda Pauline avec candeur.

Et M. Bergeret répondit, non sans douceur ni tristesse :

— Ne me demande pas de prophétiser, mon enfant. Ce n'est pas sans raison que les anciens ont considéré le pouvoir de percer l'avenir comme le don le plus funeste que puisse recevoir un homme. S'il nous était possible de voir ce qui viendra, nous n'aurions plus qu'à mourir, et peut-être tomberions-nous foudroyés de douleur ou d'épouvante. L'avenir, il y faut travailler comme les tisseurs de haute lice travaillent à leurs tapisseries, sans le voir.

Ainsi conversaient en cheminant le père et la fille. Devant le square de la rue de Sèvres, ils rencontrèrent un mendigot solidement implanté sur le trottoir.

— Je n'ai plus de monnaie, dit M. Bergeret. As-tu une pièce de dix sous à me donner, Pauline ? Cette main tendue me barre la rue. Nous serions sur la place de la Concorde, qu'elle me barrerait la place. Le bras allongé d'un misérable est une barrière que je ne saurais franchir. C'est une faiblesse que je ne puis vaincre. Donne à ce truand. C'est pardonnable. Il ne faut pas s'exagérer le mal qu'on fait.

— Papa, je suis inquiète de savoir ce que tu

feras de Clopinel, dans ta république. Car tu ne penses pas qu'il vive des fruits de son travail ?

— Ma fille, répondit M. Bergeret, je crois qu'il consentira à disparaître. Il est déjà très diminué. La paresse, le goût du repos le dispose à l'évanouissement final, il rentrera dans le néant avec facilité.

— Je crois au contraire qu'il est très content de vivre.

— Il est vrai qu'il a des joies. Il lui est délicieux sans doute d'avaler le vitriol de l'assommoir. Il disparaîtra avec le dernier mastroquet. Il n'y aura plus de marchands de vin, dans ma république. Il n'y aura plus d'acheteurs ni de vendeurs. Il n'y aura plus de riches ni de pauvres. Et chacun jouira du fruit de son travail.

— Nous serons tous heureux, mon père.

— Non. La sainte pitié, qui fait la beauté des âmes, périrait en même temps que périrait la souffrance. Cela ne sera pas. Le mal moral et le mal physique, sans cesse combattus, partageront sans cesse avec le bonheur et la joie l'empire de la terre, comme les nuits y succèderont aux jours. Le mal est nécessaire. Il a comme le bien sa source profonde dans la nature, et l'un ne saurait être tari sans l'autre. Nous ne sommes heureux que parce que nous sommes malheureux. La souffrance est sœur de la joie, et leurs haleines jumelles, en passant sur nos cordes, les font résonner harmonieusement. Le souffle seul du bonheur rendrait un son monotone et fastidieux, et pareil au silence. Mais aux maux inévitables, à ces maux à la fois vulgaires et augustes qui résultent de la condition humaine ne s'ajouteront plus les maux artificiels qui résultent de notre condition sociale. Les hommes ne seront plus déformés par un travail inique dont ils meurent plutôt qu'ils n'en vivent. L'esclave sortira de l'ergastule, et l'usine ne dévorera plus que les corps par millions.

» Cette délivrance, je l'attends de la machine elle-même. La machine qui a broyé tant d'hommes viendra en aide doucement, généreusement, à la tendre chair humaine. La machine, d'abord cruelle et dure, deviendra bonne, favorable, amie. Comment changera-t-elle d'âme ? Écoute. L'étincelle qui jaillit de la bouteille de Leyde, la petite étoile subtile qui se révéla, dans le siècle dernier, au physicien émerveillé, accomplira ce prodige. L'Inconnue qui s'est laissée vaincre sans se laisser connaître, la force mystérieuse et captive, l'insaisissable saisi par nos mains, la foudre docile, mise en bouteilles et dévidée sur les innombrables fils qui couvrent la terre de leur réseau, l'électricité portera sa force, son aide, partout où il faudra, dans les maisons, dans les chambres, au foyer où le père et la mère et les enfants ne seront plus séparés. Ce n'est point un rêve. La machine farouche, qui broie dans l'usine les chairs et les âmes, deviendra domestique, intime et familière. Mais ce n'est rien, non, ce n'est rien que les poulies, les engrenages, les bielles, les manivelles, les glissières, les volants s'humanisent, si les hommes gardent un cœur de fer.

» Nous attendons, nous appelons un changement plus merveilleux encore. Un jour viendra où le patron, s'élevant en beauté morale, deviendra un ouvrier parmi les ouvriers affranchis, où il n'y aura plus de salaire, mais échange de biens. La haute industrie, comme la vieille noblesse qu'elle remplace et qu'elle imite, fera sa nuit du 4 Août. Elle abandonnera des gains disputés et des privilèges menacés. Elle sera généreuse quand elle sentira qu'il est temps de l'être. Et que dit aujourd'hui le patron ? Qu'il est l'âme et la pensée, et que sans lui son armée d'ouvriers serait comme un corps privé d'intelligence. Eh bien ! s'il est la pensée, qu'il se contente de cet honneur et de cette joie. Faut-il, parce qu'on est pensée et esprit, qu'on se gorge de richesses ? Quand le grand Donatello fondait avec ses compagnons une statue de bronze, il était l'âme de l'œuvre. Le prix qu'il en recevait du prince ou des citoyens, il le mettait dans un panier qu'on hissait par une poulie à une poutre de l'atelier. Chaque compagnon dénouait la corde à son tour et prenait dans le panier selon ses besoins. N'est-ce point assez de produire par l'intelligence, et cet avantage dispense-t-il le maître ouvrier de partager le gain avec ses humbles collaborateurs ? Mais dans ma république il n'y aura plus de gains ni de salaires et tout sera à tous.

— Papa, c'est le collectivisme, cela, dit Pauline avec tranquillité.

— Les biens les plus précieux, répondit M. Bergeret, sont communs à tous les hommes, et le furent toujours. L'air et la lumière appartiennent en commun à tout ce qui respire et voit la clarté du jour. Après les travaux séculaires de l'égoïsme et de l'avarice, en dépit des efforts violents des individus pour saisir et garder des trésors, les biens individuels dont jouissent les plus riches d'entre nous sont encore peu de chose en comparaison de ceux qui appartiennent indistinctement à tous les hommes. Et dans notre société même, ne vois-tu pas que les biens les plus doux ou les plus splendides, routes, fleuves, forêts autrefois royales, bibliothèques, musées appartiennent à tous ? Aucun riche ne possède plus que moi ce vieux chêne de Fontainebleau ou ce tableau du Louvre. Et ils sont plus à moi qu'au riche, si je sais mieux en jouir. La propriété collective, qu'on redoute comme un monstre lointain, nous entoure déjà sous mille formes familières. Elle effraye quand on l'annonce, et l'on use déjà des avantages qu'elle procure.

» Les positivistes qui s'assemblent dans la maison d'Auguste Comte, autour du vénéré M. Pierre Laffitte, ne sont point pressés de devenir socialistes. Mais l'un d'eux a fait cette remarque judicieuse que la propriété est de source sociale. Et rien n'est plus vrai, puisque toute propriété acquise par un effort individuel n'a pu naître et subsister que par le concours de la communauté toute entière. Et puisque la propriété privée est de source sociale, ce n'est point en méconnaître l'origine ni en corrompre l'essence que de l'étendre à la communauté et la commettre à l'État dont elle dépend nécessairement. Et qu'est-ce que l'État ?...

Mlle Bergeret s'empressa de répondre à cette question :

— L'État, mon père, c'est un monsieur piteux et malgracieux assis derrière un guichet. Tu comprends qu'on n'a pas envie de se dépouiller pour lui.

— Je comprends, répondit M. Bergeret en souriant. Je me suis toujours incliné à comprendre, et j'y ai perdu des énergies précieuses. Je découvre sur le tard que c'est une grande force que de ne pas comprendre. Cela permet parfois de conquérir le monde. Si Napoléon avait été aussi intelligent que Spinoza, il aurait écrit quatre volumes dans une mansarde. Je comprends. Mais ce monsieur malgracieux et piteux qui est assis derrière un guichet, tu lui confies tes lettres, Pauline, que tu ne confierais pas à l'agence Tricoche. Il administre une partie de tes biens, et non la moins vaste, ni la moins précieuse. Tu lui vois un visage morose. Mais quand il sera tout il ne sera plus rien. Ou plutôt, il ne sera plus que nous. Anéanti par son universalité, il cessera de paraître tracassier. On n'est plus méchant, ma fille, quand on n'est plus personne. Ce qu'il a de déplaisant à l'heure qu'il est, c'est qu'il rogne sur la propriété individuelle, qu'il va grattant et limant, mordant peu sur les gros et beaucoup sur les maigres. Cela le rend insupportable. Il est avide. Il a des besoins. Dans ma république, il sera sans désirs, comme les dieux. Il aura tout et il n'aura rien. Nous ne le sentirons pas, puisqu'il sera conforme à nous, indistinct de nous. Il sera comme s'il n'était pas. Et quand tu crois que je sacrifie les particuliers à l'État, la vie à une abstraction, c'est au contraire l'abstraction que je subordonne à la réalité, l'État que je supprime en l'identifiant à toute l'activité sociale.

» Si même cette république ne devait jamais exister, je me féliciterais d'en avoir caressé l'idée. Il est permis de bâtir en Utopie. Et Auguste Comte lui-même, qui se flattait de ne construire que sur les données de la science positive, a placé Campanella dans le calendrier des grands hommes.

» Les rêves des philosophes ont de tout temps suscité des hommes d'action qui se sont mis à l'œuvre pour les réaliser. Notre pensée crée l'avenir. Les hommes d'État travaillent sur les plans que nous laissons après notre mort. Ce sont nos maçons et nos goujats. Non, ma fille, je ne bâtis pas en Utopie. Mon songe, qui ne m'appartient nullement et qui est, en ce moment même, le songe de mille et mille âmes, est véritable et prophétique. Toute société dont les organes ne correspondent plus aux fonctions pour lesquelles ils ont été créés, et dont les membres ne sont point nourris en raison du travail utile qu'ils produisent, meurt. Des troubles profonds, des désordres intimes précèdent sa fin et l'annoncent.

» La société féodale était fortement constituée. Quand le clergé cessa d'y représenter le savoir et la noblesse d'y défendre par l'épée le laboureur et l'artisan, quand ces ordres ne furent plus que des membres gonflés et nuisibles, tout le corps périt ; une révolution imprévue et nécessaire emporta le malade. Qui soutiendrait que, dans la société actuelle, les organes correspondent aux fonctions et que tous les membres sont nourris en raison du travail utile qu'ils produisent ? Qui soutiendrait que la richesse est justement répartie ? Qui peut croire enfin à la durée de l'iniquité ?

— Et comment la faire cesser, mon père ? Comment changer le monde ?

— Par la parole, mon enfant. Rien n'est plus puissant que la parole. L'enchaînement des fortes raisons et des hautes pensées est un lien qu'on ne peut rompre. La parole, comme la fronde de David, abat les violents et fait tomber les forts. C'est l'arme invincible. Sans cela le monde appartiendrait aux brutes armées. Qui donc les tient en respect ? Seule, sans armes et nue, la pensée.

» Je ne verrai pas la cité nouvelle. Tous les changements dans l'ordre social comme dans l'ordre naturel sont lents et presque insensibles. Un géologue d'un esprit profond, Charles Lyell, a démontré que ces traces effrayantes de la période glaciaire, ces rochers énormes traînés dans les vallées, cette flore des froides contrées et ces animaux velus succédant à la faune et à la flore des pays chauds, ces apparences de cataclysmes sont, en réalité, l'effet d'actions multiples et prolongées, et que ces grands changements, produits avec la lenteur clémente des forces naturelles, ne furent pas même soupçonnés par les innombrables générations des êtres animés qui y assistèrent. Les transformations sociales s'opèrent, de même, insensiblement et sans cesse. L'homme timide redoute, comme un cataclysme futur, un changement commencé avant sa naissance, qui s'opère sous ses yeux, sans qu'il le voie, et qui ne deviendra sensible que dans un siècle. »

ROUPART

M. Bergeret aimait et estimait hautement les gens de métier. Ne faisant point de grands aménagements, il n'avait guère occasion d'appeler des ouvriers ; mais, quand il en employait un, il s'efforçait de lier conversation avec lui, comptant bien en tirer quelques paroles substantielles.

Aussi fit-il un gracieux accueil au menuisier Roupart qui vint, un matin, poser des bibliothèques dans le cabinet de travail.

Cependant, couché à sa coutume, au fond du fauteuil de son maître, Riquet dormait en paix. Mais le souvenir immémorial des périls qui assiégeaient leurs aïeux sauvages dans les forêts rend léger le sommeil des chiens domestiques. Il convient de dire aussi que cette aptitude héréditaire au prompt réveil était entretenue chez Riquet par le sentiment du devoir. Riquet se considérait lui-même comme un chien de garde. Fermement convaincu que sa fonction était de garder la maison, il en concevait une heureuse fierté.

Par malheur, il se figurait les maisons comme elles sont dans les campagnes et dans les Fables de la Fontaine, entre cour et jardin, et telles qu'on peut en faire le tour en flairant le sol parfumé des odeurs des bêtes et du fumier. Il ne se mettait pas dans l'esprit le plan de l'appartement que son maître occupait au cinquième étage d'un grand immeuble. Faute de connaître les limites de son domaine, il ne savait pas précisément ce qu'il avait à garder. Et c'était un gardien féroce. Pensant que la venue de cet inconnu en pantalon bleu rapiécé, qui sentait la sueur et traînait des planches, mettait la demeure en péril, il sauta à bas du fauteil et se mit à aboyer à l'homme, en reculant devant lui avec une lenteur héroïque. M. Bergeret lui ordonna de se taire, et il obéit à regret, surpris et triste de voir son dévouement inutile et ses avis méprisés. Son regard profond, tourné vers son maître, semblait lui dire :

— Tu reçois cet anarchiste avec les engins qu'il traîne après lui. J'ai fait mon devoir, advienne que pourra.

Il reprit sa place accoutumée et se rendormit. M. Bergeret, quittant les scoliastes de Virgile, commença de converser avec le menuisier. Il lui fit d'abord des questions touchant le débit, la coupe et le polissage des bois, et l'assemblage des planches. Il aimait à s'instruire et savait l'excellence du langage populaire.

Roupart, tourné contre le mur, lui faisait des réponses interrompues par de longs silences, pendant lesquels il prenait des mesures. C'est ainsi qu'il traita des lambris et des assemblages.

— L'assemblage à tenon et mortaise, dit-il,

ne veut point de colle, si l'ouvrage est bien dressé.

— N'y a-t-il point aussi, demanda M. Bergeret, l'assemblage en queue d'aronde ?

— Il est rustique et ne se fait plus, répondit le menuisier.

Ainsi le professeur s'instruisait en écoutant l'artisan. Ayant assez avancé l'ouvrage, le menuisier se tourna vers M. Bergeret. Sa face creusée, ses grands traits, son teint brun, ses cheveux collés au front et sa barbe de bouc toute grise de poussière lui donnaient l'air d'une figure de bronze. Il sourit d'un sourire pénible et doux et montra ses dents blanches, et il parut jeune.

— Je vous connais, monsieur Bergeret.

— Vraiment ?

— Oui, oui, je vous connais... Monsieur Bergeret, vous avez fait tout de même quelque chose qui n'est pas ordinaire... Ça ne vous fâche pas que je vous le dise ?

— Nullement.

— Eh bien, vous avez fait quelque chose qui n'est pas ordinaire. Vous êtes sorti de votre caste et vous n'avez pas voulu frayer avec les défenseurs du sabre et du goupillon.

— Je déteste les faussaires, mon ami, répondit M. Bergeret. Cela devrait être permis à un philologue. Je n'ai pas caché ma pensée. Mais je ne l'ai pas beaucoup répandue. Comment la connaissez-vous ?

— Je vais vous dire. On voit du monde, rue

Saint-Jacques, à l'atelier. On en voit des uns et des autres, des gros et des maigres. En rabotant mes planches, j'entendais Pierre qui disait : « Cette canaille de Bergeret ! » Et Paul lui demandait : « Est-ce qu'on ne lui cassera pas la gueule ? » Alors j'ai compris que vous étiez du bon côté dans l'Affaire. Il n'y en a pas beaucoup de votre espèce dans le cinquième.

— Et que disent vos amis ?

— Les socialistes ne sont pas bien nombreux par ici, et ils ne sont pas d'accord. Samedi dernier, à la Fraternelle, nous étions quatre pelés et un tondu et nous nous sommes pris aux cheveux. Le camarade Fléchier, un vieux, un combattant de 70, un communard, un déporté, un homme, est monté à la tribune et nous a dit : « Citoyens, tenez-vous tranquilles. Les bourgeois intellectuels ne sont pas moins bourgeois que les bourgeois militaires. Laissez les capitalistes se manger le nez. Croisez-vous les bras, et regardez venir les antisémites. Pour l'heure, ils font l'exercice avec un fusil de paille et un sabre de bois. Mais quand il s'agira de procéder à l'expropriation des capitalistes, je ne vois pas d'inconvénients à commencer par les juifs. »

» Et là-dessus, les camarades ont fait aller leurs battoirs. Mais, je vous le demande, est-ce que c'est comme ça que devait parler un vieux communard, un bon révolutionnaire ? Je n'ai pas d'instruction comme le citoyen Fléchier, qui a étudié dans les livres de Marx. Mais je me suis bien aperçu qu'il ne raisonnait pas droit. Parce qu'il me semble que le socialisme, qui est la vérité, est aussi la justice et la bonté, que tout ce qui est juste et bon en sort naturellement comme la pomme du pommier. Il me semble que combattre une injustice, c'est travailler pour nous, les prolétaires, sur qui pèsent toutes les injustices. A mon idée, tout ce qui est équitable est un commencement de socialisme. Je pense comme Jaurès que marcher avec les défenseurs de la violence et du mensonge, c'est tourner le dos à la révolution sociale. Je ne connais ni juifs ni chrétiens. Je ne connais que des hommes, et je ne fais de distinction entre eux que de ceux qui sont justes et de ceux qui sont injustes. Qu'ils soient juifs ou chrétiens, il est difficile aux riches d'être équitables. Mais quand les lois seront justes, les hommes seront justes. Dès à présent les collectivistes et les libertaires préparent l'avenir en combattant toutes les tyrannies et en inspirant aux peuples la haine de la guerre et l'amour du genre humain. Nous pouvons dès à présent faire un peu de bien. C'est ce qui nous empêchera de mourir désespérés et la rage au cœur. Car bien sûr nous ne verrons pas le triomphe de nos idées, et quand le collectivisme sera établi sur le monde, il y aura beau temps que je serai sorti de ma soupente les pieds devant... Mais je jase et le temps file. »

Il tira sa montre, et, voyant qu'il était onze heures, il endossa sa veste, ramassa ses outils, enfonça sa casquette jusqu'à la nuque et dit sans se retourner :

— Pour sûr que la bourgeoisie est pourrie! Ça s'est vu du reste dans l'affaire Dreyfus.

Et il s'en alla déjeuner.

Alors, soit qu'en son léger sommeil un songe eût effrayé son âme obscure, soit qu'épiant, à son réveil, la retraite de l'ennemi, il en prît avantage, soit que le nom qu'il venait d'entendre l'eût rendu furieux, ainsi que le maître feignit de le croire, Riquet s'élança la gueule ouverte et le poil hérissé, les yeux en flammes, sur les talons de Roupart qu'il poursuivit de ses aboiements frénétiques.

Demeuré seul avec lui, M. Bergeret lui adressa, d'un ton plein de douceur, ces paroles attristées :

— Toi aussi, pauvre petit être noir, si faible en dépit de tes dents pointues et de ta gueule profonde, qui, par l'appareil de la force, rendent ta faiblesse ridicule et ta poltronnerie amusante, toi aussi tu as le culte des grandeurs de chair et la religion de l'antique iniquité. Toi aussi tu adores l'injustice par respect pour l'ordre social qui t'assure ta niche et ta pâtée. Toi aussi tu tiendrais pour véritable un jugement irrégulier, obtenu par le mensonge et la fraude. Toi aussi tu es le jouet des apparences. Toi aussi tu te laisses séduire par des mensonges. Tu te nourris de fables grossières. Ton esprit ténébreux se repaît de ténèbres. On te trompe et tu te trompes avec une plénitude délicieuse. Toi aussi tu as des haines de race, des préjugés cruels, le mépris des malheureux.

Et comme Riquet tournait sur lui un regard

d'une innocence infinie, M. Bergeret reprit avec plus de douceur encore :

— Je sais : tu as une bonté obscure, la bonté de Caliban. Tu es pieux, tu as ta théologie et ta morale, tu crois bien faire. Et puis tu ne sais pas. Tu gardes la maison, tu la gardes même contre ceux qui la défendent et qui l'ornent. Cet artisan que tu voulais en chasser a, dans sa simplicité, des pensées admirables. Tu ne l'as pas écouté.

» Tes oreilles velues entendent non celui qui parle le mieux, mais celui qui crie le plus fort. Et la peur, la peur naturelle, qui fut la conseillère de tes ancêtres, et des miens, à l'âge des cavernes, la peur qui fit les dieux et les crimes, te détourne des malheureux et t'ôte la pitié. Et tu ne veux pas être juste. Tu regardes comme une figure étrangère la face blanche de la Justice, divinité nouvelle, et tu rampes devant les vieux dieux, noirs comme toi, de la violence et de la peur. Tu admires la force brutale parce que tu crois qu'elle est la force souveraine, et que tu ne sais pas qu'elle se dévore elle-même. Tu ne sais pas que toutes les ferrailles tombent devant une idée juste.

» Tu ne sais pas que la force véritable est dans la sagesse et que les nations ne sont grandes que par elle. Tu ne sais pas que ce qui fait la gloire des peuples, ce ne sont pas les clameurs stupides, poussées sur les places publiques, mais la pensée auguste, cachée dans quelque mansarde et qui, un jour, répandue par le monde, en changera la face. Tu ne sais pas que ceux-là honorent leur patrie qui, pour la justice, ont souffert la prison, l'exil et l'outrage. Tu ne sais pas. »

ALLOCUTIONS

ALLOCUTION

PRONONCÉE A LA FÊTE INAUGURALE
DE L'ÉMANCIPATION
UNIVERSITÉ POPULAIRE DU XVe ARRONDISSEMENT
LE 21 NOVEMBRE 1899

Citoyennes et citoyens,

L'association que nous inaugurons aujourd'hui est formée pour l'étude. Ce sont des hommes qui se réunissent pour penser en commun. Vous voulez acquérir des connaissances qui donneront à vos idées de l'exactitude et de l'étendue et qui vous enrichiront ainsi d'une richesse intérieure et véritable. Vous voulez apprendre pour comprendre et retenir, au rebours de ces fils de riches qui n'étudient que pour passer des examens et qui, l'épreuve finie, ont hâte de débarrasser leurs cerveaux de leur science, comme d'un meuble encombrant. Votre désir est plus noble et plus désintéressé. Et comme vous vous proposez de travailler à votre propre développement, vous rechercherez ce qui est vraiment utile et ce qui est vraiment beau.

Les connaissances utiles à la vie ne sont pas seulement celles des métiers et des arts. S'il est nécessaire que chacun sache son métier, il est utile à chacun d'interroger la nature qui nous a formés et la société dans laquelle nous vivons. Quel que soit notre état parmi nos semblables, nous sommes avant tout des hommes et nous avons grand intérêt à connaître les conditions nécessaires de la vie humaine. Nous dépendons de la terre et de la société, et c'est en recherchant les causes de cette dépendance que nous pourrons imaginer les moyens de la rendre plus facile et plus douce. C'est parce que les découvertes des grandes lois physiques qui régissent les mondes ont été lentes, tardives, longtemps renfermées dans un petit nombre d'intelligences, qu'une morale barbare, fondée sur une fausse interprétation des phénomènes de la nature, a pu s'imposer à la masse des hommes et les soumettre à des pratiques imbéciles et cruelles.

Croyez-vous, par exemple, citoyens, que, si les savants avaient connu plus tôt la vraie situation du globe terrestre tournant en compagnie de quelques autres globes, ses frères, autour d'un soleil qui nage lui-même dans l'espace infini, peuplé d'une multitude d'autres soleils, pères ardents et lumineux d'une multitude de mondes, — pensez-vous que, si dans les siècles anciens un grand nombre d'hommes avaient eu cette juste idée de l'univers et y avaient suffisamment attaché leur pensée, c'eût été possible de les effrayer en leur faisant croire qu'il y a sous terre un enfer et des diables ? C'est la science qui nous affranchit de ces vaines terreurs, que certes vous avez rejetées loin de vous. Et ne voyez-vous pas que de l'étude de la nature vous tirerez une foule de conséquences morales qui rendront votre pensée plus assurée et plus tranquille ?

La connaissance de l'être humain n'est pas moins profitable. En suivant les transformations de l'homme depuis l'époque où il vivait nu, armé de flèches de pierre, dans des cavernes, jusqu'à l'âge actuel des machines, au règne de la vapeur et de l'électricité, vous embrasserez les grandes phases de l'évolution de notre race.

La connaissance des progrès accomplis vous permettra de pressentir, de solliciter les progrès futurs. Peut-être voudrez-vous vous tenir de préférence dans des temps voisins du nôtre et rechercher dans un passé récent l'origine de l'état actuel de la société. Là encore, là surtout l'étude vous sera d'un grand profit. En recherchant comment s'est formée et accrue la force capitaliste, vous jugerez mieux des moyens qu'il faut employer pour la maîtriser, à l'exemple des grands inventeurs qui n'ont asservi la nature qu'après l'avoir patiemment observée.

Vous étudierez les faits de bonne foi, sans parti pris ni système préconçu. Les vrais savants — et j'en vois ici — vous diront que la science veut garder son indépendance et sa liberté, et qu'elle ne se soumet à aucune puissance étrangère. Est-ce à dire que vous poursuivrez vos recherches sans direction ni but déterminé ? Non. Vous entreprenez une œuvre idéale mais définie, immense mais précise.

Vous vous proposez de travailler mutuellement à développer votre être intellectuel et moral, à vous rendre plus sûrs de vous-mêmes, et plus conscients de vos forces, par une connaissance plus exacte des nécessités de la vie sur la planète, et des conditions particulières où chacun se trouve dans la société actuelle. Votre association est constituée pour vous solliciter les uns les autres à penser et à réfléchir à la place des privilégiés, qui ne s'en donnent plus la peine, et pour vous assurer ainsi une part dans l'élaboration d'un ordre de choses nouveau et meilleur, puisque, malgré les coups de force, c'est la pensée qui conduit le monde, comme la boussole dans la tempête montre encore la route aux navires.

Votre association recherchera ce qu'il y a de plus utile à connaître dans la science. Elle vous découvrira ce qu'il y a de plus agréable à considérer dans l'art. Ne vous refusez pas à mêler dans vos études l'agréable à l'utile. D'ailleurs, comment les séparer, si l'on a un peu de philosophie ? Comment marquer le point où finit l'utile et où commence l'agréable ? Une chanson, est-ce que cela ne sert à rien ? La *Marseillaise* et la *Carmagnole* ont renversé les armées des rois et des empereurs. Est-ce qu'un sourire est inutile ? Est-ce donc si peu de plaire et de charmer ?

Vous entendez parfois des moralistes vous dire qu'il ne faut rien accorder à l'agrément dans la vie. Ne les écoutez pas. Une longue tradition religieuse, qui pèse encore sur nous,

nous enseigne que la privation, la souffrance et la douleur sont des biens désirables et qu'il y a des mérites spéciaux attachés à la privation volontaire. Quelle imposture ! C'est en disant aux peuples qu'il faut souffrir en ce monde pour être heureux dans l'autre qu'on a obtenu d'eux une pitoyable résignation à toutes les oppressions et à toutes les iniquités. N'écoutons pas les prêtres qui enseignent que la souffrance est excellente. C'est la joie qui est bonne !

Nos instincts, nos organes, notre nature physique et morale, tout notre être nous conseille de chercher le bonheur sur la terre. Il est difficile de le rencontrer. Ne le fuyons point. Ne craignons pas la joie ; et lorsqu'une forme heureuse ou une pensée riante nous offre du plaisir, ne la refusons pas. Votre association est de cet avis. Elle est prête à vous offrir, avec des pensées utiles, des pensées agréables, qui sont utiles aussi. Elle vous fera connaître les grands poètes : Racine, Corneille, Molière, Victor Hugo, Shakespeare. Ainsi nourris, vos esprits croîtront en force et en beauté.

Et il est temps, citoyens, qu'on sente votre force, et que votre volonté, plus claire et plus belle, s'impose pour établir un peu de raison et d'équité dans un monde qui n'obéit plus qu'aux suggestions de l'égoïsme et de la peur. Nous avons vu ces derniers temps la société bourgeoise et ses chefs incapables de nous assurer la justice, je ne dis pas la justice idéale et future, mais seulement la vieille justice boiteuse, survivante des âges rudes. Celle-là, qui les protégeait, les insensés, dans leur folie, ils viennent de lui porter un coup mortel. Nous les avons vus triompher dans le mensonge, aspirer à la plus brutale des tyrannies, souffler dans les rues la guerre civile et la haine du genre humain.

A vous, citoyens, à vous, travailleurs, de hausser vos esprits et vos cœurs, et de vous rendre capables, par l'étude et la réflexion, de préparer l'avènement de la justice sociale et de la paix universelle.

ALLOCUTION

PRONONCÉE LE 4 MARS 1900 A LA FÊTE INAUGURALE DE L'UNIVERSITÉ POPULAIRE « LE RÉVEIL » DES 1er ET 2e ARRONDISSEMENTS

Citoyens,

En poursuivant sa marche lente, à travers les obstacles, vers la conquête des pouvoirs publics et des forces sociales, le prolétariat a compris la nécessité de mettre dès à présent la main sur la science et de s'emparer des armes puissantes de la pensée.

Partout, à Paris et dans les provinces, se fondent et se multiplient ces universités populaires, destinées à répandre parmi les travailleurs ces richesses intellectuelles longtemps renfermées dans la classe bourgeoise.

Votre association, le Réveil des 1er et 2e arrondissements, se jette dans cette grande entreprise avec un élan généreux et une pleine conscience de la réalité. Vous avez compris qu'on n'agit utilement qu'à la clarté de la science. Et qu'est en effet la science ? Mécanique, physique, physiologie, biologie, qu'est-ce que tout cela, sinon la connaissance de la nature et de l'homme, ou plus précisément la connaissance des rapports de l'homme avec la nature et des conditions mêmes de la vie ? Vous sentez qu'il nous importe grandement de connaître les conditions de la vie afin de nous soumettre à celles-là seules qui sont nécessaires, et non point aux conditions arbitraires, souvent humiliantes ou pénibles, que l'ignorance et l'erreur nous ont imposées. Les dépendances naturelles qui résultent de la constitution de la planète et des fonctions de nos organes sont assez étroites et pressantes pour que nous prenions garde de ne pas subir encore des dépendances arbitraires. Avertis par la science, nous nous soumettons à la nature des choses, et cette soumission auguste est notre seule soumission.

L'ignorance n'est si détestable que parce qu'elle nourrit les préjugés qui nous empêchent d'accomplir nos vraies fonctions, en nous en imposant de fausses qui sont pénibles et parfois malfaisantes et cruelles, à ce point qu'on voit, sous l'empire de l'ignorance, les plus honnêtes gens devenir criminels par devoir. L'histoire des religions nous en fournit d'innombrables exemples : sacrifices humains, guerres religieuses, persécutions, bûchers, vœux monastiques, exécrables pratiques issues moins de la méchanceté des hommes que de leur insanité. Si l'on réfléchit sur les misères qui, depuis l'âge des cavernes jusqu'à nos jours encore barbares, ont accablé la malheureuse humanité, on en trouve presque toujours la cause dans une fausse interprétation des phénomènes de la nature et dans quelqu'une de ces doctrines théologiques qui donnent de l'univers une explication atroce et stupide. Une mauvaise physique produit une mauvaise morale, et c'est assez pour que, durant des siècles, des générations humaines naissent et meurent dans un abîme de souffrances et de désolation.

En leur longue enfance, les peuples ont été asservis aux fantômes de la peur, qu'ils avaient eux-mêmes créés. Et nous, si nous touchons enfin le bord des ténèbres théologiques, nous n'en sommes pas encore tout à fait sortis. Ou pour mieux dire, dans la marche inégale et lente de la famille humaine, quand déjà la tête de la caravane est entrée dans les régions lumineuses de la science, le reste se traîne encore sous les nuées épaisses de la superstition, dans des contrées obscures, pleines de larves et de spectres.

Ah ! que vous avez raison, citoyens, de prendre la tête de la caravane ! Que vous avez raison de vouloir la lumière, d'aller demander conseil à la science. Sans doute, il vous reste peu d'heures, le soir, après le dur travail du jour, bien peu d'heures pour l'interroger, cette science qui répond lentement aux questions qu'on lui fait et qui livre l'un après l'autre, sans hâte, ses secrets innombrables. Nous devons tous nous résigner à n'obtenir d'elle que des parcelles de vérité. Mais il y a à considérer dans la science la méthode et les résultats. Les résultats, vous en prendrez ce que vous pourrez. La méthode, plus précieuse encore que les résultats, puisqu'elle les a tous produits et qu'elle en produira encore une infinité d'autres, la méthode, vous saurez vous l'approprier, et elle vous procurera les moyens de conduire sûrement votre esprit dans toutes les recherches qu'il vous sera utile de faire.

Citoyens, le nom que vous avez donné à votre université montre assez que vous sentez que l'heure est venue des pensées vigilantes. Vous l'avez appelée « le Réveil », sans doute parce que vous sentez qu'il est temps de chasser les fantômes de la nuit et de vous tenir alertes et debout, prêts à défendre les droits de l'esprit contre les ennemis de la pensée et la République, contre ces étranges libéraux, qui ne réclament de liberté que contre la liberté.

Il m'était réservé d'annoncer votre noble effort et de vous féliciter de votre entreprise.

Je l'ai fait avec joie et en aussi peu de mots que possible. J'aurais considéré comme un grand tort envers vous de retarder, fût-ce d'un instant, l'heure où vous entendrez la grande voix de Jaurès.

ALLOCUTION

PRONONCÉE A LA FÊTE D'INAUGURATION DES NOUVEAUX LOCAUX DES « SOIRÉES OUVRIÈRES » DE MONTREUIL-SOUS-BOIS

Citoyens,

Vous avez compris que l'ignorance était la plus étroite des servitudes et vous avez voulu vous en affranchir. Sentant que l'homme ne peut rien quand il ne sait rien et qu'il est enfermé dans sa stupidité comme dans une prison obscure, vous avez cherché à percer le mur noir. Vous avez tenté cela de vous-mêmes, sans aide, sans secours, seuls, et vous avez réussi. Après un effort de quatre années, vous avez amené à vous assez de camarades pour qu'il vous fût nécessaire d'élargir votre salle d'étude en même temps que vous élargissiez vos intelligences. Votre œuvre vit et grandit. Vous l'avez désignée du nom le plus simple qui est en même temps le plus aimable. Vous avez appelé vos réunions : *Soirées d'études après le travail.*

Le nom est beau parce que la chose est belle. L'étude après le travail, voilà ce qui révèle la force de volonté et montre ce que vous valez par l'esprit et par le cœur. L'étude est facile en somme si l'on a tout le loisir de s'y livrer, et c'est un vrai travail attrayant quand c'est notre seul travail. Mais s'y mettre après la fatigue d'un dur labeur, quand on a déjà porté le rude poids du jour, là qu'est l'effort superbe et le courage.

Vous avez fait cet effort, vous avez eu le courage, citoyens, et vous avez conduit cette entreprise avec autant d'habileté que de vaillance. La méthode que vous avez adoptée pour vous instruire est excellente. Vous avez d'abord recherché, sans autre aide que des livres, la situation que la planète que nous habitons occupe dans l'univers et jeté un regard sur les mondes semés dans l'espace illimité. En déchirant la voûte théologique du ciel, vous avez détruit du même coup d'antiques superstitions. Après une année occupée à reconnaître la position réelle de notre monde dans la multitude des mondes, vous avez employé une année à étudier la constitution de la terre. Vous avez vu la vie sortir comme la Vénus antique de la chaude écume des mers primitives. Elle se manifestait alors par des organismes rudimentaires dont les transformations successives ont abouti à la flore et à la faune actuelles. Vous avez suivi anneau par anneau cette chaîne des êtres qui va des mollusques, des poissons, aux mammifères supérieurs, à l'homme. Là encore vous avez substitué à des conceptions théologiques fondées sur des fables grossières une idée expérimentale des origines humaines. Vous avez considéré les faibles commencements de l'homme et admiré par quels efforts lents et continus notre espèce, si misérable à l'origine, a créé la pensée, les arts, la beauté. Cette vue jetée sur un passé si profond vous a fait mieux comprendre quels travaux ils nous reste à accomplir pour sortir tout à fait de la barbarie première et instituer sur la terre, après le règne animal, qui est celui de la guerre, le règne humain, le règne de la justice et de la paix. Vous avez consacré une troisième année à l'étude de l'anatomie. On m'a dit que vous vous étiez intéressés très vivement à cette science des organes et de leurs fonctions. Je n'en suis pas surpris, et j'en suis heureux, car l'ignorance des conditions de la vie organique a produit, dans la suite des âges, des préjugés barbares et des pratiques cruelles qui n'ont point encore entièrement péri.

C'est seulement après ces trois années de recherches méthodiques et suivies que vous avez accueilli des professionnels de l'étude et entendu des conférences sur divers points de science et d'histoire. J'ai assisté à une de ces causeries et j'ai été charmé autant de la façon dont Mlle Baertschi vous exposait la prise de la Bastille que de la façon dont vous l'écoutiez et des judicieuses observations que vous fîtes, selon votre coutume, après l'exposé.

Il convient de vous féliciter, citoyens, de l'énergie avec laquelle vous avez entrepris votre œuvre civilisatrice et de l'esprit d'ordre avec lequel vous l'avez poursuivie. Il faut approuver enfin le soin que vous avez mis à vous prémunir contre les conclusions trop hâtives de vos études et contre les applications forcées de vos premières expérences scientifiques. Vous avez voulu demeurer dans ces régions sereines de la pensée et de la réflexion. C'est la sagesse même. Mais si c'est offenser la science que de la traîner de force dans le domaine agité de l'existence sociale, c'est méconnaître son pouvoir souverain que de ne lui pas demander des règles de vie et des principes d'action. Considérez, citoyens, que nous vivons en des temps où les conditions sociales sont encore déterminées dans leur ensemble par des croyances et des préjugés qui ne sont pas seulement étrangers à la science, mais qui lui sont contraires, qu'il importe de substituer à l'esprit théologique l'esprit scientifique dans tous les domaines où notre activité s'exerce, et que votre tâche, si généreusement commencée, serait vaine, si vous ne conformiez pas tous vos actes privés ou publics à l'idée que vous vous faites de la nature après l'avoir considérée avec bonne volonté. Prenez garde qu'à l'heure où nous sommes, cette science que vous aimez, et qui vous donne tant de force, est combattue par une innombrable armée d'esprits rétrogrades que commandent des moines fanatiques. Prenez garde que l'esprit théocratique donne en ce moment un assaut furieux à l'esprit d'examen ; qu'il est temps de veiller à la défense de toutes nos libertés et de la République, qui seule nous les garantit, et que c'est nous, comme dit la *Marseillaise*, qu'on médite de rendre à l'antique esclavage.

C'est trahir la science que de ne pas en introduire, dès qu'on le peut, les enseignements dans la vie sociale. La science nous apprend à combattre le fanatisme sous toutes ses formes ; elle nous apprend à construire nous-mêmes notre idéal de justice sans en emprunter les matériaux à des systèmes erronés ou à des traditions barbares ; elle nous invite enfin à défendre comme le plus cher des biens notre liberté menacée. Vous l'avez trop noblement aimée, citoyens, pour méconnaître sa voix.

ALLOCUTION

PRONONCÉE A LA FÊTE EN L'HONNEUR DE DIDEROT AMI DU PEUPLE

Citoyens,

Des maîtres, qui sont nos amis, viennent ici nous parler de Diderot philosophe, et de Diderot savant. Ce n'est pas à moi, c'est à Duclaux de vous montrer en Diderot le précurseur de Lamarck et de Darwin, c'est à Ferdinand Buisson, c'est à Gabriel Séailles de vous parler du philosophe qui préféra l'examen utile des faits à la vaine recherche des causes, et enseigna qu'il faut demander à la nature non pas « Pourquoi cela ? » comme font les enfants, mais « Comment cela ? » à la manière du chimiste et du physicien.

Pour moi, je n'ai qu'un mot à dire. Je voudrais vous montrer Diderot, ami du peuple.

C'était un homme excellent que le fils du coutelier de Langres. Contemporain de Voltaire et de Rousseau, il fut le meilleur des hommes dans le meilleur des siècles. Il eut la passion des sciences mathématiques, physiques, des arts et métiers. Connaître pour aimer fut l'effort de sa vie entière. Il aimait les hommes, et les œuvres pacifiques des hommes. Il forma le grand dessein de mettre en honneur les métiers manuels, abaissés par les aristocraties militaires, civiles et religieuses. L'*Encyclopédie* dont il conçut le plan avec génie et dont il poursuivit l'exécution si courageusement, l'*Encyclopédie* est le premier grand inventaire du travail fourni par le prolétariat à la société. Et cet inventaire, avec quel zèle, quelle ardeur, quelle conscience Diderot et ses collaborateurs prirent soin de le dresser, c'est ce que le prospectus de l'*Encyclopédie* nous fait connaître.

« On s'est adressé, y est-il dit, aux plus habiles ouvriers de Paris et du royaume. On s'est donné la peine d'aller dans leurs ateliers, de les interroger, d'écrire sous leur dictée, de développer leurs pensées, d'en tirer les termes propres à leurs professions, d'en dresser des tables, de les définir, de converser avec ceux dont on avait obtenu des mémoires, et (précaution presque indispensable) de rectifier, dans de longs et fréquents entretiens avec les uns, ce que d'autres avaient imparfaitement, obscurément et quelquefois infidèlement exprimé. »

Et Diderot ajoute :

« On enverra des dessinateurs dans les ateliers ; on prendra l'esquisse des machines et des outils ; on n'omettra rien de ce qui peut les montrer distinctement aux yeux. »

Citoyens,

A l'heure où les ennemis coalisés de la science, de la paix, de la liberté s'arment contre la République et menacent d'étouffer la démocratie sous le poids de tout ce qui ne pense pas ou ne pense que contre la pensée, vous avez été bien inspirés en rappelant, pour l'honorer, la mémoire de ce philosophe qui enseigna aux hommes le bonheur par le travail, la science et l'amour et qui, tourné tout entier vers l'avenir, annonça l'ère nouvelle, l'avènement du prolétariat dans le monde pacifié et consolé.

Son regard pénétrant a discerné nos luttes actuelles et nos succès futurs. Ainsi Diderot enthousiaste et méthodique recueillait les titres des artisans pour les mettre au-dessus des titres des nobles ou des grands. Et il n'est pas possible de se méprendre sur ses intentions, si extraordinaires pour le temps. « Il convient, a-t-il dit, que les arts libéraux, qui se sont assez chantés eux-mêmes, emploient désormais leur voix à célébrer les arts mécaniques et à les tirer de l'avilissement où le préjugé les a tenus si longtemps. »

Voilà donc, au milieu du dix-huitième siècle, les métiers honorés, chose étrange, nouvelle, merveilleuse. Les artisans demeuraient humblement courbés sous les dédains traditionnels. Et Diderot leur crie : « Relevez-vous. Vous ne vous croyez méprisables que parce qu'on vous a méprisés. Mais de votre sort dépend le sort de l'humanité tout entière. » Diderot a inséré dans l'*Encyclopédie* la définition que voici de l'ouvrier manuel, du journalier :

« *Journalier*, ouvrier qui travaille de ses mains et qu'on paye au jour la journée. Cette espèce d'hommes forme la plus grande partie d'une nation ; c'est son sort qu'un bon gouvernement doit avoir principalement en vue. Si le journalier est misérable, la nation est misérable. »

Est-ce trop de dire après cela que Diderot dont nous célébrons aujourd'hui la mémoire, Diderot mort depuis cent seize ans, nous touche de très près, qu'il est des nôtres, un grand serviteur du peuple, un défenseur du prolétariat?

La victoire du prolétariat est certaine. Ce sont moins les efforts désordonnés de nos adversaires que nos propres divisions et les indécisions de notre méthode qui pourraient la retarder. Elle est certaine parce que la nature même des choses et les conditions de la vie l'ordonnent et la préparent. Elle sera méthodique, raisonnée, harmonieuse. Elle se dessine déjà sur le monde avec l'inflexible rigueur d'une construction géométrique.

ALLOCUTION

PRONONCÉE A LA FÊTE D'INAUGURATION DE L' « ÉMANCIPATRICE », IMPRIMERIE COMMUNISTE, LE 12 MAI 1901.

Camarades,

Je puis presque me dire un des vôtres ; les ateliers de typographie me rappellent de vieux et chers souvenirs. Mon père était libraire. Encore enfant, j'ai porté de la copie à l'imprimerie ; très jeune, je me suis occupé de la fabrication des livres et j'ai corrigé des épreuves. J'ai corrigé les épreuves des autres avant de corriger les miennes. Je ferais un prote passable. Si j'étais plus jeune, je me recommanderais à vous.

Ce n'est pas seulement par de bons souvenirs que votre art m'est cher. Je le tiens pour le plus beau du monde. Vous savez ce qu'en dit le bon Pantagruel.

Pantagruel dit, par la bouche de Rabelais, que l'imprimerie a été inventée par inspiration angélique, comme à contre-fil la poudre à canon par suggestion diabolique. Je n'ai pas besoin de vous avertir de ne pas prendre à la lettre ce mot d'angélique. Rabelais ne croyait ni aux anges ni aux diables. Il voulait seulement, par cette parole, magnifier l'art qui répand la science et la pensée, et maudire les engins de guerre. Et il faut bien que l'imprimerie soit par elle-même une invention excellente, puisqu'elle a, dès sa naissance, fait une peur horrible aux théologiens. En France, durant tout le XVIe siècle, la Sorbonne brûla des livres, et souvent l'imprimeur avec.

On a dit que l'imprimerie fait autant de mal que de bien, puisqu'elle imprime les mauvais livres comme les bons, et qu'elle propage le mensonge et l'erreur en même temps que la science et la vérité. Ce serait vrai, si le mensonge avait autant d'avantage que la vérité à être mis en lumière. Mais il n'en est rien. L'erreur croît dans l'ombre et la science fructifie dans la lumière. Certes l'imprimerie n'a pas, en quatre siècles, dissipé les vieilles erreurs et les antiques superstitions. Elle ne le pouvait vraiment pas ; c'eût été contraire à la nature des choses. La conquête des vérités utiles au bonheur des hommes est lente et difficile, et l'espèce humaine sort péniblement et peu à peu de la barbarie primitive. On peut dire que le type de société qu'elle a réalisé, après tant de siècles d'efforts et de souffrances, n'est que la barbarie organisée, la violence administrée, l'injustice régularisée.

C'est aussi votre sentiment, camarades. Et vous avez voulu du moins établir la justice en un point du vieux monde ; vous avez voulu mettre d'accord vos actes et vos pensées ; vous avez voulu que parmi vous le fruit du travail fût équitablement réparti. C'est une entreprise belle et difficile. Prenez garde, camarades, vous vous êtes mis hors de l'ordre commun : vous vous êtes condamnés à la vertu à perpétuité.

ALLOCUTION

PRONONCÉE A LA RÉUNION DES SECTIONS DE LA « LIGUE DES DROITS DE L'HOMME ET DU CITOYEN » DU XVIe ARRONDISSEMENT, LE 21 DÉCEMBRE 1901.

Avant de donner la parole à Louis Havet, vice-président de la Ligue des Droits de l'Homme, je dois vous remercier de l'honneur que vous m'avez fait en m'appelant à présider cette réunion plénière, et, puisque je vois assemblées ici les sections du XVIe arrondissement, je veux féliciter la Ligue elle-même de l'esprit qui l'anime ; je veux vous féliciter tous d'avoir pensé que le patriotisme s'accordait avec l'esprit de justice et de paix, avec le respect du droit et l'amour de l'humanité ; je veux vous féliciter de vous être montrés des hommes libres, non point comme ces prétendus libéraux qui ne réclament de liberté que contre la liberté, mais en dénonçant courageusement les tentatives hypocrites ou violentes de la réaction. Vous avez beaucoup fait. Il vous reste beaucoup à faire encore.

Les réactionnaires et les cléricaux à demi vaincus ne renoncent point à la lutte, d'autant plus dangereux qu'ils ne se montrent point sous leur véritable visage, qui ferait peur, et qu'ils empruntent, pour séduire la foule républicaine, votre langage et vos discours. Ils n'ont à la bouche que liberté et droits de l'homme.

Pour les combattre et les vaincre, rappelez-vous, citoyens, que vous devez marcher avec tous les artisans de l'émancipation des travailleurs manuels, avec tous les défenseurs de la justice sociale, et que vous n'avez pas d'ennemis à gauche. Rappelez-vous que, sans les prolétaires, vous n'êtes qu'une poignée de dissidents bourgeois, et qu'unis, mêlés au prolétariat, vous êtes le nombre au service de la justice.

Vous allez entendre la ferme parole d'un homme qui n'a jamais menti. Vous allez entendre le son de l'âme la plus droite et la plus courageuse. Le citoyen Louis Havet va vous entretenir d'un sujet qui, à cette heure, doit vous intéresser particulièrement. Il va vous parler de la moralité des élections, et examiner avec vous les conditions dans lesquelles s'exerce actuellement le droit de suffrage.

Ce sont là des questions qui ne peuvent vous laisser indifférents. Il se trouve à Paris beaucoup de réactionnaires et quelques républicains pour crier : « A bas les parlementaires ». Et ce cri caresse assez agréablement l'oreille des Parisiens. Certes je ne défendrai pas devant vous les actes de la représentation nationale. Sans chercher si ce fut la faute des représentants ou des représentés, les législatures ont succédé aux législatures, et la justice et la bonté ne sont pas encore entrées dans nos lois.

Depuis trente ans, par ce qu'elles ont fait et surtout par ce qu'elles n'ont pas fait, les Chambres n'ont pas peu contribué à rendre la République moins aimable et moins sûre qu'elle ne promettait de l'être à son avènement. Certes la Chambre qui maintenant expire n'a montré, dans sa vie, qu'une faible pensée et un médiocre courage. Née dans l'erreur, le mensonge et l'épouvante, sous un ministère criminel, elle traîna une existence incertaine et molle. Il semble que la peur soit l'inspiratrice et la conseillère de nos députés, et l'on peut dire de nos Chambres que leur faiblesse trahit tous les partis.

Vous voyez, citoyens, que je ne tombe pas accablé d'un respectueux étonnement devant la majesté de nos institutions politiques. Mais quand nos fougueux nationalistes en réclament la destruction soudaine, quand nos grands plébiscitaires demandent d'une voix retentissante la suppression des parlementaires, je vois trop qu'ils pensent les remplacer par des patrouilles de cavalerie, et que la liberté n'y gagnerait rien. Dans l'état actuel de nos institutions et de nos mœurs, le suffrage universel est l'unique garantie de nos droits et de nos libertés, et il suffirait d'un souffle, d'un souffle de fraternité passant sur nos villes et nos campagnes, pour qu'il devînt un instrument de justice sociale.

ALLOCUTION

PRONONCÉE AU FESTIVAL ORGANISÉ EN L'HONNEUR DE VICTOR HUGO PAR LA SOCIÉTÉ DES UNIVERSITÉS POPULAIRES ET LES UNIVERSITÉS POPULAIRES DE PARIS ET DE LA BANLIEUE, SALLE DU TROCADÉRO, LE DIMANCHE 2 MARS 1902.

Citoyennes et citoyens,

Le 1er juin 1885, un cercueil déposé sous l'Arc de Triomphe était conduit au Panthéon par tout le peuple de Paris et par les représentants de la France et du monde pensant. Sur les voies suivies par le cortège funèbre et triomphal, la flamme des lanternes tremblait au jour sous un crêpe ; des mâts, plantés d'espace en espace, portaient des écussons sur lesquels on lisait des inscriptions, et ce n'était point des noms de batailles, c'était des titres de livres. Car les honneurs jusque-là réservés aux rois et aux empereurs, aux souverains et aux conquérants, la foule émue les décernait à un homme de travail et de pensée, qui n'avait exercé de puissance que par le langage.

« Au Penseur ! » Ce mot revenait sans cesse sur les bannières qui marchaient derrière le mort glorieux. Et ces funérailles instituées, non par un décret des pouvoirs publics, mais par un mouvement superbe de l'instinct populaire, marquaient une ère nouvelle de l'humanité. L'appareil pompeux, qui depuis un temps immémorial honorait la force et la violence, on le voyait pour la première fois accompagner la douce puissance de l'esprit et célébrer une gloire innocente. Funérailles éloquentes, symbole magnifique de l'idée révolutionnaire : à ce signe, il apparaissait que le peuple substituait désormais dans son cœur au dogme la pensée libre, au pouvoir absolu la liberté, aux images de la force les marques de la raison, à la guerre la justice et la paix, à la haine l'amour et la fraternité.

Comme le peuple qui, un siècle auparavant, avait pris la Bastille, le peuple qui fit l'apothéose de Victor Hugo sentit confusément ce qu'il faisait, et qu'il honorait moins un poète, tout grand qu'était celui-là, que la poésie et la beauté, et que, s'il célébrait le vieillard qui avait jeté au monde tant de pensées et de paroles, c'était afin de reconnaître en lui la souveraineté de la parole et de la pensée.

C'est dans ce même esprit, c'est avec ce même cœur, citoyens, que nous célébrons aujourd'hui le centenaire de Victor Hugo. Certes, nous ne ferons pas du poète un dieu, et nous nous garderons de toutes les idolâtries, même de la plus excusable, de l'idolâtrie des grands hommes. Nous nous garderons d'opposer aux vieux dogmes un dogme nouveau, et de substituer à l'autorité du théologien et du prêtre l'autorité du penseur et du poète.

Nous savons que tous les hommes sont faillibles, sujets à l'erreur, qu'ils ont tous leurs jours de trouble et leurs heures de ténèbres. Nous ne refuserons point aux plus grands et aux meilleurs le droit sacré aux faiblesses de l'esprit et aux incertitudes de l'intelligence. Les plus sages se trompent. Ne croyons à aucun homme.

Victor Hugo, moins qu'un autre, peut fournir matière à une doctrine et donner les lignes d'un système politique et social. Sa pensée, à la fois éclatante et fumeuse, abondante, contradictoire, énorme et vague comme la pensée des foules, fut celle de tout son siècle, — dont il était, il l'a dit lui-même, un écho sonore. Ce que nous saluons ici avec respect, ce n'est pas seulement un homme, c'est un siècle de la France et de l'humanité, ce dix-neuvième siècle dont Victor Hugo exprima plus abondamment que tout autre les songes, les illusions, les erreurs, les divinations, les amours et les haines, les craintes et les espérances.

Enfant quand la monarchie fut rétablie sur la France épuisée par la guerre, il fut royaliste sous deux rois ; puis il se sentit après la révolution de Juillet monarchiste et impérialiste libéral. Mais dès lors une vive sympathie l'entraînait vers le peuple. Et il put dire plus tard, en forçant un peu le terme, qu'il avait été socialiste avant d'être républicain. Il devint républicain en 1850. Ce progrès de son esprit, peut-être n'en découvrait-il pas lui-même toutes les raisons. Voici celle qu'il en a donnée plus tard :

« La liberté m'est apparue vaincue. Après le 13 juin, quand j'ai vu la République à terre, son droit m'a frappé et touché d'autant plus qu'elle était agonisante. C'est alors que je suis allé à elle. »

A compter de ce jour, il la défendit ardemment par ses actes et ses paroles. En 1850, M. de Falloux, ministre de l'instruction publique, présenta à l'Assemblée législative un projet de loi qui livrait l'instruction publique au clergé. C'est ce que les cléricaux appelaient, comme aujourd'hui, assurer la liberté de l'enseignement. Victor Hugo, membre de l'Assemblée, combattit cette loi qu'il dénonçait comme un « traquenard clérical caché sous un beau nom ». Il faut rappeler quelques mots de ce discours :

Victor Hugo y disait aux cléricaux :

« ... Il n'y a pas un poète, pas un écrivain, pas un philosophe, pas un penseur que vous acceptiez. Et tout ce qui a été écrit, trouvé, rêvé, déduit, illuminé, imaginé, inventé par les génies, le trésor de la civilisation, l'héritage séculaire des générations, le patrimoine commun des intelligences, vous le rejetez !

» ... Et vous réclamez la liberté d'enseigner ! Tenez, soyons sincères, entendons-nous sur la liberté que vous réclamez : c'est la liberté de ne pas enseigner.

» Ah ! vous voulez qu'on vous donne des peuples à instruire ! Fort bien. — Voyons vos élèves. Voyons vos produits. Qu'est-ce que vous avez fait de l'Italie ? Qu'est-ce que vous avez fait de l'Espagne ?... »

Citoyens, si, parmi les idées politiques de Victor Hugo, je choisis, pour vous les rappeler, celles de 1850, c'est parce que 1902 (puissent votre sagesse et votre énergie détourner ce présage !) ressemble en quelque chose à 1850. La ressemblance serait plus fâcheuse encore si 1902 avait, comme 1850, une chambre cléricale et réactionnaire.

Voilà comment de force et brusquement le souvenir de Victor Hugo nous ramène à l'heure présente, à cette heure trouble où les ennemis de la République démocratique et de la justice sociale s'efforcent de restaurer l'autorité de l'Église et le règne du privilège. Aujourd'hui comme à la veille du coup d'État, toutes les réactions violentes ou sournoises, ralliées autour des moines et des prêtres, arment contre la liberté le mensonge, la calomnie et la corruption. Et, comme en 1850, comme toujours, les ennemis de la liberté se réclament de la liberté. C'est en son propre nom qu'ils prétendent l'étrangler. Ainsi que ce prophète voilé que personne n'aurait cru si l'on avait vu son visage, ils cachent leur vrai nom sous celui de libéraux.

Citoyens, c'est à vous de démasquer les fourbes et les hypocrites et de sauver la République, la République que nous défendons non pour ce qu'elle est, mais pour ce qu'elle peut et doit être, la République que nous voulons garder comme instrument nécessaire de réformes et de progrès, la République qui sera demain la République démocratique et sociale, et qui nous acheminera vers cette République universelle, la République future que Victor Hugo, dans sa vieillesse auguste, a magnifiquement annoncée :

« Aux batailles, a-t-il dit d'une voix prophétique, succéderont les découvertes ; les peuples ne conquerront plus, ils grandiront et s'éclaireront ; on ne sera plus des guerriers, on sera des travailleurs ; on trouvera, on instruira, on inventera ; exterminer ne sera plus une gloire. Ce sera le remplacement des tueurs par les créateurs. »

Citoyens, cette République annoncée par le grand poète dont nous célébrons aujourd'hui le centenaire, cette République idéale et nécessaire, il vous appartient d'en préparer, d'en hâter l'avènement en combattant partout l'esprit d'égoïsme et de violence et en travaillant sans cesse pour la justice sociale et pour la liberté véritable, celle-là qui ne reconnaît point de liberté contre elle.

TABLE

Ce volume a été composé et tiré par des ouvriers syndiqués.

Pithiviers. Imp. L. GAUTHIER.